INHALT

CLEVER!
Sparfüchse aufgepasst! Mit diesen Tipps und Tricks können Sie zusätzlich Geld sparen oder etwas Besonderes erleben

TOP 10

> Dieser Band gibt jede Menge Tipps zum Sparen. Einige liegen unseren Autoren besonders am Herzen und sind daher als Insider Tipp markiert – die zehn besten finden Sie hier

Insider Tipp **CHRISTIANSENS** [148 A4]
Mit erstklassigen Cocktails in coolem Ambiente lässt sich eine Partynacht prima starten – bei Christiansens gibt es zur Happy-Hour-Zeit als Appetizer sogar eine Relax-Massage dazu, und zwar völlig gratis *(S. 83)*

Insider Tipp **DIALOG IM DUNKELN** [131 E4]
Hamburg-Sightseeing mit anderen Sinnen: Mit Stock und Augenbinde geht es unter kundiger Führung eines blinden Guides durch nachgestellte Alltagssituationen. Günstige Last-Minute-Tickets *(S. 25)*

Insider Tipp **DOCKLAND** [147 E5]
Steigen Sie Hamburg aufs Dach – das spektakuläre Dockland-Haus, entworfen von Star-Architekt Hadi Teherani, bietet grandiosen Weitblick über Fischereihafen und Elbufer – natürlich kostenfrei *(S. 38)*

Insider Tipp **GLANZ & GLORIA** [148 A4]
Die stilvolle Bar des Schmidts Tivoli wird donnerstags ab 21 Uhr zum souligen Tanztempel beim Swing-Kiez, dann kann jedermann das Tanzbein schwingen. Was kaum jemand weiß: der Eintritt ist frei *(S. 84)*

Insider Tipp **GOLDBEKUFER WOCHENMARKT** [141 E2]
Einer der besten Hamburger Wochenmärkte liegt direkt am Goldbekkanal. Neben frischem Obst und selbstgemachter Pasta gibt es hier

EDITORIAL

> Liebe Leserin, lieber Leser,

mit diesem Low Budget Führer können Sie Ihren Hamburg-Besuch so richtig genießen: jede Menge Spaß haben und gleichzeitig sparen, mit kleinem Geldbeutel großartige Dinge erleben, Schnäppchen machen und tolle Erfahrungen mit nach Hause nehmen. Die Metropole im Norden bietet dem preisbewussten Reisenden (und natürlich auch Einheimischen) endlose Möglichkeiten, ohne großes Budget viel zu unternehmen. Es gibt gute Unterkünfte für kleines Geld, auch praktisch in Laufweite zu Hamburgs Attraktionen gelegen. Museen bieten oft ermäßigten oder kostenlosen Eintritt, Sie können gratis Livemusik hören oder mit Ihrem U-Bahn-Ticket per Fähre den Hafen erkunden. Preiswerte Shopping-Adressen, Kinder-Freizeitvergnügen zum Nulltarif, die schönsten Blicke über die Stadt ohne Eintrittsgebühr, den guten und günstigen Mittagstisch und sogar einen Hauch Luxus für überschaubares Geld – all das gibt es in Hamburg und noch viel mehr. Unsere Autoren verraten, wann, wie und wo Sie die Stadt zum Low Budget Tarif genießen können.

Viel Spaß beim Entdecken!
wünscht Ihnen Ihr MARCO POLO-Team

SYMBOLE:

Insider Tipp **MARCO POLO INSIDER-TIPPS**
Von unserer Autorin für Sie entdeckt

KOSTENLOS
Hier zahlen Sie keinen Cent!

DIE BESTEN LOW BUDGET TIPPS

viele schöne – und preiswerte – Mitbringsel *(S. 72)*

Insider Tipp **HAMBURGS KLEINSTES KAUFHAUS** [147 D3]

Im trubeligen Ottensen bietet das kleinste Kaufhaus Hamburgs ein Sammelsurium aus feinen und kuriosen Dingen der 70er Jahre. Die niedrigen Preise und nette Bedienung machen einfach Spaß *(S. 77)*

Insider Tipp **HAMBURGER HAFENKONZERT**

Wer schnell ist, geht mit auf Sendung: Im ältesten Radiokonzert der Welt können Sie bei den Aufzeichnungen des NDR-Hafenkonzerts mit dabei sein – die kostenlosen Karten sind aber früh vergriffen *(S. 28)*

Insider Tipp **KASTANIEN-HOTEL** [148 A4]

Nachtruhe für sittsame Nostalgiker: In diesem Hostel mit Freudenhaus-Vergangenheit lässt es sich phantasievoll für wenig Geld schlummern – roter Samtplüsch und Handschellen inklusive *(S. 106)*

Insider Tipp **QUEEN CALAVERA** [148 A4]

Die Burlesque-Show garantiert viel Vergnügen in knisternder Atmosphäre: Charmante Damen lassen im Stil der 20er-Jahre die Hüllen fallen – eine reizvolle und sehr preiswerte Darbietung *(S. 91)*

Insider Tipp **ZOOLOGISCHES MUSEUM DER UNIVERSITÄT HAMBURG** [140 B5]

Kostenlose Reise ins tierische Wunderland: Ein Wiedersehen mit Walross Antje, dem ehemaligen NDR-Maskottchen, und einer beeindruckenden Anzahl von fast 90.000 weiteren zoologischen Präparaten in einer faszinierenden Ausstellung. Nicht verpassen *(S. 119)*

> Viele Wege führen preiswert nach Hamburg, und man kommt gut und günstig quer durch die Stadt!

Wow – was für ein Anblick. Egal, auf welche Art Sie nach Hamburg reisen, der erste Eindruck ist meist überwältigend. Z. B. bei Anfahrt mit der Bahn aus Richtung Süden: Da geht es über die mächtigen Elbbrücken direkt an der neuen HafenCity samt ihrer futuristischen Bauten vorbei, mit Blick auf die wunderschöne Skyline der Stadt und ihre markanten Kirchtürme. Oder Sie kommen per Auto auf der A7 von Hannover und wollen den Elbtunnel durchqueren: da sehen Sie Container, Schiffe und Hafen, und wenn dann vorm großen Tunnel mal wieder Stau ist, haben Sie Zeit, alles in Ruhe zu bewundern. Einmal angekommen, werden Sie sehr schnell merken: Hamburg zu entdeckten ist ein einfacher und oft preiswerter Spaß. Mit den knallroten Stadträdern z. B., den vielen Hafenfähren, per engmaschigem U-Bahn-Netz oder ganz einfach zu Fuß – die Innenstadt lässt sich per Pedes genauso bequem erkunden wie Hafen, Alster- und Elbufer. Ideen für die etwas ausgefallenere Tour gibt es viele; Hamburger, die Ihnen ihre Metropole aus einem anderen Blickwinkel zeigen können, sicherlich auch. Motto: die Hansestadt hat 1001 schöne Ecken zum Entdecken – darum nix wie hin!

START IN DIE STADT

DIE ERSTE TAT

Ganz klar: Wer zum ersten Mal in seinem Leben in die Hansestadt kommt, gehört zunächst mal direkt an den Hafen. Oder besser noch gleich richtig aufs Wasser drauf! Einen supertollen ersten Eindruck verschafft die Fahrt mit einer Hafenfähre der HADAG und einen günstigen dazu, denn da gilt auch Ihr HVV-Ticket! Sie fahren mit der U 3 bis zur Haltestelle Baumwall und genießen schon mal den Wahnsinns-Blick vom Viadukt auf den Hafen. Über die Brücke an der Polizeistation vorbei geht es blitzfix zur Anlegestelle Sandtorhöft, direkt gegenüber von Hamburgs berühmtester Baustelle, der Elbphilharmonie. Hier nehmen Sie die Fährlinie 62 (tgl. alle 15–20 Min.) Richtung Landungsbrücken und fahren drei Stationen bis zur Anlegestelle Dockland. Dort steigen Sie Hamburgs spektakulärstem Bürogebäude, dem Dockland, aufs Dach (ist kostenlos rund um die Uhr erlaubt) und haben einen tollen Rundumblick hoch über der Elbe, das Gesicht im Wind. Zurück geht es wieder mit der Fähre. Mit dem 9-Uhr-Tagesticket des HVV kostet Sie das Ganze schlappe 5,40 Euro. Und Sie haben schon mal eine gute Prise Hamburg erschnuppert. *Infos HADAG: Tel. 311 70 70 | www.hadag.de*

Insider Tipp

ANREISE

AM BESTEN MIT DER BAHN

Der Hauptbahnhof liegt mitten in der City, und mit dem Dauer-Spezial-

Ticket der Bahn fahren Sie bereits ab 29 Euro per ICE bequem aus allen deutschen Städten nach Hamburg. Weitere günstige Angebote, zum Beispiel Freizeit- oder Ostsee-Ticket, Familien-Rabatt und mehr finden Sie online auf der Website der Bahn (*www.bahn.de*). Besonderer Clou: Erkundigen Sie sich nach dem „Exklusive ist Inklusive"-Angebot der Hamburg Tourismus Zentrale! Ab einer Buchung von drei Nächten in einem Hamburger Hotel wird Ihnen die Hin- und Rückfahrt mit der Bahn geschenkt. Allerdings: Das Angebot gilt immer nur in bestimmten Zeiträumen im Jahr – und die liegen nicht unbedingt stets in der Hauptsaison. *Infos unter www.hamburg-tourism.de, Tel. 30 05 13 00*

BILLIGFLÜGE

Wenn es von weiter her mal besonders schnell gehen muss, bleibt nur der Flieger. Hamburg wird von verschiedenen Low-Cost-Airlines angesteuert, darunter Air Baltic, Air Berlin, Easy Jet, Germanwings, Tuifly u. a. *(Tel. 507 50, www.airport.de)*, Tickets sind schon ab ca. 19 Euro zu haben. Für unter 10 Euro geht es derzeit an bestimmten Tagen per Ryanair *(www.ryanair.com)* nach Lübeck-Blankensee, für die 60 Kilometer nach Hamburg (ca. 45 Min.) muss man 8 Euro für den Bus hinzurechnen; allerdings ist der kleine Flugplatz von der Schließung bedroht. Günstig vom und zum großen Hamburger Airport fahren Sie mit der S 1 (direkt ab Terminal 1 und 2), eine Fahrt in die Innenstadt kostet 2,75 Euro und dauert ca. 20 Min. Das Taxi braucht eher länger und kostet kaum unter 20 Euro.

GÜNSTIG PER BUS

Auch per Bus geht es billig nach Hamburg, z. B. fährt von der Hauptstadt aus täglich der Berlin-Linienservice, mit dem Sie zu bestimmten Zeiten für 21 Euro in die Hansestadt kommen; hin- und zurück gibt es die Karte ab 36 Euro *(Tel. 030/351 95 20, www.berlinlinienbus.de)*. Ein Superschnäppchen: der 9 €-Linienbus, für online-Frühbucher z. B. ist die Tour Heidelberg–Hamburg schon ab 9 Euro zu haben *(www.touring.de)*.

UND NATÜRLICH PER AUTO

Über die Autobahnen A 1, A 7, A 23 und A 24 ist Hamburg aus allen Himmelsrichtungen problemlos per Auto

Bild: Erstes Ziel: Hamburgs Herz schlägt an Hafen und Elbe

erreichbar. Für Kurzbesucher oder Gäste mit Unterkunft in der Innenstadt ohne eigenen Stellplatz allerdings gilt: Parkraum in der City ist rar und teuer, das preiswerte Parkhaus ein Wunschtraum und die Polizei freigiebig mit Knöllchen. Alternative: Das Auto auf einem der Park+Ride-Plätze etwas außerhalb abstellen und per Bahn ins Zentrum fahren – das Parken kostet dort gar nichts, und im Bereich der HVV gibt es nicht weniger als 122 P+R-Anlagen mit 19400 Stellplätzen! *Infos rund um die Uhr: Tel. 194 49*

IN HAMBURG UNTERWEGS

EINFACH PER HVV

In dieser Stadt gut herumkommen ist kinderleicht: Zwischen Hafen und Alster geht alles bestens zu Fuß, zudem bietet der Hamburger Verkehrsverbund (HVV) ein dichtes Netz von Bussen, U-Bahnen und S-Bahn-Linien, dazu sogar einige Hafenfähren (siehe oben). Mit einem Ticket können Sie problemlos zwischen den verschiedenen Verkehrsmitteln hin- und herwechseln. Allerdings zählt der HVV nicht gerade zu den günstigen Anbietern der Republik, das billigste Kurzstreckenticket kostet 1,30 Euro, eine normale Fahrt von ca. 15 Minuten mit Umsteigen schon 2,75 Euro! Es gibt aber Möglichkeiten zum Sparen: Ab zwei Personen lohnt oft schon eine Gruppentageskarte (ab 9,20 Euro); Tageskarten, die nur außerhalb der Rushhour gelten, sind günstiger (ab 5,40 Euro); außerdem wird auch eine Drei-Tage-Karte ab 15,90 Euro angeboten. *Tel. für Fahrzeiten etc.: Tel. 194 49 | www.hvv.de*

Insider Tip

HAMBURG CARD

Wenn Sie sich gerne viel ansehen und viel herumfahren, dann ist die Hamburg Card auf jeden Fall ein guter Tipp. Zur grundsätzlich freien Fahrt mit Bussen und Bahnen kommen Rabatte für mehr als 130 Sehenswürdigkeiten hinzu, es gibt Vergünstigungen bei Rundfahrten, in Theatern, vielen Restaurants und Geschäften. Achtung: Nicht bei allen Einrichtungen steht das auch draußen an der Tür, nachfragen lohnt immer! Pro Tag und Person kostet die Hamburg Card 8,50 Euro. Es gibt auch noch eine Region-Plus-Variante für 18,90 Euro pro Tag. Damit können Sie dann so hübsche Dinge wie das Fledermauszentrum Bad Segeberg besuchen und/oder bis nach Lüneburg fahren. Die Karten gibt es auch für drei bzw. fünf Tage, Gruppen bekommen eine Ermäßigung. *Zu kaufen an allen HVV-Verkaufsstellen oder online unter www.hamburg-tourism.de | Tel. 30 05 13 00*

HAPPY HAMBURG

Dieser dicke bunte Katalog der Touristik Zentrale Hamburg ist ein reichhaltiger Fundus für Schnäppchenjäger. Viele Hotels lassen sich über Happy Hamburg günstig buchen; hinzu kommen Pauschalangebote, die zur Übernachtung beispielsweise den Besuch eines Musicals oder die Mitfahrt bei der Einlaufparade zum Hafengeburtstag beinhalten. Preisbeispiel: Hotelübernachtung inkl. Musicalbesuch und verschiedener Extras wie Hamburg Card, Schlemmergutschein etc. ab 109 Euro pro Person. Sie können den Katalog telefonisch bestellen oder online ansehen *(Tel. 30 05 13 00, www.hamburg-tourism.de)*. Die Buchung kann auch in jedem TUI-Reisebüro erfolgen.

STADTRAD HAMBURG

Eine tolle Idee: Über die ganze Innenstadt verteilt finden Sie die markanten Stationen von Stadtrad-Hamburg. Das Ganze ist eine Kooperation zwischen der Umweltbehörde und der Deutschen Bahn, die ihr aus anderen Städten bekanntes Fahrradleihsystem passend auf die Hansestadt zugeschnitten hat. Wenn Sie schon ein Call-a-Bike-Kunde aus Berlin, Frankfurt oder München sind, dann können Sie auch in Hamburg sofort mitradeln. Neukunden müssen sich über die Station oder vorher im Internet mit ihrer EC- oder Kreditkarte anmelden. Für alle gilt: Die erste halbe Stunde ist umsonst; ab dann kostet die Minute 4 Cent, für 12 Euro haben Sie das Rad den ganzen Tag (Vergünstigungen für Bahncard und HVV-Monatskarten-Inhaber). Die knallroten Räder sind ein Hit: An sonnigen Wochenenden radelt die halbe Stadt um die Alster. Kein Wunder, bei so einem Klasse-Angebot. *Informationen Tel. 822 18 81 00 | www.stadtradhamburg.de*

INTERNET-ZUGANG

Wer seinen Lieben zu Hause die heile Ankunft in Hamburg schnell mal mailen oder einfach nur die Wettervorhersage abfragen will, findet natürlich Onlineshops ohne Ende in Hamburg. Einige sind besonders zentral gelegen und zudem günstig, z. B. das Internet-Café Cyber ZOB direkt im Gebäude des Zentralen Omnibusbahnhofs, 5 Minuten vom Hauptbahnhof entfernt *(Adenauerallee 78, Tel. 24423768, www.cyber-zob.de)*. Zwischen 10.30 Uhr und 11 Uhr surft man hier gratis, ab 11 Uhr kostet die Stunde 1,40 Euro, von 16 bis 22 Uhr 2 Euro (Ermäßigung für Studenten). Surfen (50 Cent für 30 Min.) und kostenlos Zeitung lesen können Sie in der Zentralbücherei am Hühnerposten, auch am Hauptbahnhof *(Mo–Sa 11–19 Uhr, Mo erst ab 14 Uhr, Sa nur bis 16 Uhr, Tel. 42606215)*. Kostenlos per WLAN mit eigenem Laptop kommt man an vielen Hotspots der Stadt ins Netz, vom „Alex am Jungfernstieg" bis zur „Sushi Factory Grindelhof" *(www.hamburg-magazin.de)*

RABATT UND GUTSCHEINE

Zweimal bestellen und nur einmal bezahlen: Wer sich gleich bei Ankunft in der Hansestadt mit einem der vielen erhältlichen Gutscheinhefte ausrüstet, kann in zahlreichen Restaurants oder auch im Freizeitbereich eine Menge Geld sparen. Rabattblocks wie „Hamburg Bonus" (159 Gutscheine, 14,95 Euro) oder „günstling" („2 für 1"-Gutscheine für viele Restaurants, 14,90 Euro) können bei einem längeren Aufenthalt in der Stadt eine lohnende Investition sein – die Rabattkarten sind für die Kellner in vielen Gastronomie-Betrieben aller Größen und Klassen längst zu einer Selbstverständlichkeit geworden.

INFORMATIONEN

HAMBURG TOURISMUS

Postfach 102249 | 20015 Hamburg | Tel. für alle Informationen 040/30051300 | www.hamburg-tourism.de

TOURISMUS INFORMATION IM HAUPTBAHNHOF

Hauptausgang Kirchenallee | Mo–Sa 8–21, So 10–18 Uhr | U- und S-Bahn Hauptbahnhof

TOURIST INFORMATION AM HAFEN

St. Pauli Landungsbrücken | Brücke 4 und 5 | April–Okt. tgl. 8–18, Nov.–März tgl. ab 10 Uhr | U- und S-Bahn Landungsbrücken

TELEFONIEREN:

Hamburg hat die Vorwahl 040.

TOP 10

> Das sollten Sie nicht verpassen! Auch wenn der Eintritt nicht immer den Geldbeutel schont – diese Sehenswürdigkeiten gehören zu Hamburg einfach dazu. Schauen Sie selbst

1 ALSTER

Populärer Wassermarsch inmitten der Stadt: Die Alster ist genau genommen ein Fluss – die Hamburger meinen aber meist die beiden Stadtseen Außen- und Binnenalster. Und gehen hier zu allen Tageszeiten spazieren, segeln, joggen oder einfach schöne Hausfassaden bewundern.

2 BLANKENESE [144 A2]

In diesem charmanten Vorort erwarten Sie grandiose Elbblicke – wenn genug Puste vorhanden ist: zahlreiche Treppen verbinden die romantisch verwinkelten Gassen über einen Höhenunterschied von immerhin 75 Meter. Lohn der Kraxelei ist der Biergarten auf dem Gipfel des Süllbergs. *Blankenese*

3 KUNSTHALLE [131 F2]

Alte Meister und klassische Moderne – in der renommierten Kunsthalle locken Werke von Koons, Baselitz, Picasso und Meister Bertram sowie hochkarätige Ausstellungen wie Mark Rothko. Zwischendurch dürfen Sie eine entspannte (Kunst-)pause im Café Liebermann einlegen! *Di–So ab 10 Uhr, Mo geschl. | Glockengießerwall 1 | Altstadt*

4 LANDUNGSBRÜCKEN [148 B4]

Auf der rund 100 Jahre alten Pontonanlage herrscht geschäftiges Treiben: Im Minutentakt legen Hafenfähren an und ab, dazwischen der Katamaran nach Helgoland und am Kai Fahrradausflügler und Hafenrundfahrtgäste. Hier befindet sich auch der nördliche Eingang zum Alten Elbtunnel. Entweder mitten ins Getümmel stürzen – oder ein paar Treppenstufen höher gemütlich von oben zuschauen. *St. Pauli*

5 MICHAELISKIRCHE [130 B4]

Von den Hamburgern liebevoll „Michel" genannt, gehört der prachtvolle Barockbau zu den wichtigsten Wahrzeichen der Stadt. Ein Besuch empfiehlt sich in der erst seit kurzem geöffneten Krypta, der Aufstieg zum Kirchturm wird mit phantastischer Aussicht belohnt. Am schönsten sind die Konzerte: Choräle mit toller Akustik, im Winter auch schon mal ganz romantisch bei Kerzenschein. *Nov.–April 10–17.30, Mai–Okt. 9–19.30 Uhr | Englische Planke 1a | Neustadt*

6 ÖVELGÖNNE [146 B4]

Eine Häuserzeile als Hamburger Wochenendvergnügen? Jawohl, die pittoresquen Kapitäns- und Lotsenhäuschen am Elbufer plus liebevoll restaurierte „Pötte" im Museumshafen gehören zu den Sahnehäubchen der Stadt. *Övelgönne | Othmarschen*

7 RATHAUS [131 D3]

Gold und Prunk, wohin das Auge blickt: Der Regierungssitz von Senat und Bürgerschaft repräsentiert den Stolz der nordischen Metropole. Unbedingt sehenswert: der Hygieia-Brunnen im Innenhof und der Große Festsaal. *Mo–Fr 10–15, Sa 10–17, So 10–16 Uhr | Rathausmarkt | Altstadt*

8 REEPERBAHN

Die Rotlicht-Meile gehört in jeder Hinsicht zu den beliebtesten Amüsiervierteln. Neben den Damen des Gewerbes finden Sie hier nachts die besten Bars, Clubs und Live-Bühnen der Stadt für ausgelassenes Feiervergnügen. Tagsüber ist wenig vom Glamour zu sehen. *Reeperbahn | St. Pauli*

9 SPEICHERSTADT [131 C5–D5]

Bis vor ein paar Jahren noch Teil des Freihafens, heute begehrtes Viertel mit Hafen-Flair für Loftliebhaber: Die imposanten Backsteinbauten der alten Handelsspeicher werden noch immer von Teppich- und Gewürzhändlern genutzt. Am besten die spannende Ecke zu Fuß erkunden! *HafenCity*

10 VIEW POINT HAFENCITY [131 D5]

Beste Aussichten auf Hamburgs schönstes „Neubau"-Viertel, die aufstrebende HafenCity. Vom orangefarbenen Turm haben Sie freie Sicht auf die wachsende Skyline, auf Strandkai, Marco Polo-Terrassen und Überseequartier. *Großer Grasbrook | HafenCity*

Günstig ins Museum oder gratis eine Gänsehaut beim Wasserlichtspiel im Park? Hier steht, was wo geht

Kultur in Hamburg ist bunt, vielfältig – und zum Glück oftmals gar nicht so teuer, wie man in Anbetracht des allgemeinen Preisgefüges befürchten mag. Für eine Handvoll Euro oder bisweilen auch vollkommen kostenlos können Sie in der Hansestadt tolle Musik hören, großes Theater genießen oder modernste Kunstobjekte bewundern. Sie können im Macht-Club avantgardistischer Literatur lauschen, rauschende Feste wie das Rockspektakel am Rathaus feiern und in Planten un Blomen mit dem Partner beim Wasserlichtkonzert dahinschmelzen. Als veritable Großstadt bietet Hamburg zum Glück jede Menge Events und Aktionen, die den Besuch der Kulturtempel und den Genuss großer Kunst auch für kleines Geld möglich machen, sei es bei der Langen Nacht der Museen oder beim berühmten Hamburger Filmfestival. In Foren und Stiftungen lässt sich ebenfalls kostengünstig Kultur schnuppern. Nochmal: Für viele dieser Ereignisse zahlen Sie wenig oder gar nichts, Sie müssen nur auf den folgenden Seiten nachlesen, wann und wo die günstige Musik spielt! Einen aktuellen Überblick gibt es zudem auch im Internet, etwa unter *www.kultur-hamburg.de, www.abendblatt.de, www.mopo.de*

KULTUR & EVENTS

FESTIVALS UND EVENTS

ALTONALE

Stadtteilfeste gibt es viele in Hamburg, doch keines ist so „kunstvoll“ wie dieses: Ganz Altona singt, tanzt und musiziert. Dazu finden Lesungen, Filme und Diskussionen statt, vom Enkel bis zur Oma sind alle dabei und zahlen natürlich keinen Cent. Höhepunkt ist das Straßenfest am letzten Wochenende der Altonale. *Eintritt frei | Tel. 39 80 69 70 | www.altonale.de | Bus- und S-Bahn Altona | Ottensen*

DOCKVILLE-FESTIVAL [152 C3]

In Wilhelmsburg trifft sich Mitte August alles, was hip und trendy ist, wenn die Dockville Gemeinde ruft: Das Festival ist ein einziges riesiges Happening für Pop- und Kunstfreunde. Frühbucher erhalten Rabatt; Insider Tipp viele Kunsthappenings sind aber auch ganz kostenlos. *Eintritt teilweise kostenlos | Reiherstieg Hauptdeich/Ecke Alte Schleuse | www.dockville.de | S 3, 31 Wilhelmsburg | Wilhelmsburg*

ELB-JAZZ [148 C2]

Leinen Los für das Elb-Jazz-Festival in Hamburg. Hafen, Hafencity und Speicherstadt werden zur Bühne, dazu gibt es Workshops, Ausstellungen und Diskussionsrunden. Karten sind nicht immer Schnäppchen, das hat guter Jazz so an sich, aber es gibt bis Januar ein Early Bird Ticket *(zwei Tage im Mai, www.elbjazz.de)*. Wer nun gerade nicht im Mai in Hamburg ist: Organisatorin Tina Heine führt in der Nähe der Universität eine tolle Kneipe, montags gibt es dort oft Jazz, meist ohne Eintritt. *Eintritt oft frei | Beim Schlump 84 | Tel. 4505075 | Metrobus 4, 5 Monetastraße | Rotherbaum*

HAMBURG JAZZ-OPEN [148 B2–C2]

Fast 10 000 Zuschauer kamen 2009 nach Planten un Blomen und lauschten verzückt dem kostenlosen Musikvergnügen in der Grünanlage im Zentrum der Stadt. Jedes Jahr Ende Juni findet das Jazz-Open statt, mindestens fünf große Konzerte an zwei Tagen. *Eintritt frei | Infos zum Programm im Jazz-Büro Hamburg | Tel. 43252870 | www.jazzbuero-hamburg.de | Konzertbühne Planten un Blomen, Eingang Rentzelstraße gegenüber Fernsehturm | Bus 35 Hamburg Messe | Neustadt*

ROCKSPEKTAKEL AM RATHAUS [131 D3]

Wie sagen es die Macher auf ihrer Homepage: Das Rockfestival ist der alljährliche Stolperstein zwischen Standard-Happenings wie Stuttgarter Weindorf und Alstervergnügen. Hamburger Rockfreunde (und nicht nur die) sind begeistert und kommen in Scharen. Bleibt zu hoffen, dass dem engagierten Team nicht die Puste ausgeht. *Eintritt frei | Zwei Tage im August | Rathausmarkt | www.rockspektakel.de | Bus- und U-Bahn Rathausmarkt | Altstadt*

SOMMERTHEATER-FESTIVAL [141 F2]

Es ist eines der schönsten Kulturfestivals der Stadt, denn das Gelände der alten Kampnagelfabrik in Barmbek konnte trotz vieler Renovierungen und Verkleinerungen während der letzten Jahre seinen leicht maroden Charme erhalten. Besonders deutlich wird das im August, wenn sich hier tanz- und experimentierfreudige Künstler aus der ganzen Welt treffen. Das Festival dauert in der Regel rund drei Wochen und findet meist im August statt. *Festivalkarte 25 Euro (jede Vorstellung zum halben Preis, gilt für eine Person) | Juli/August drei Wochen | Jarrestraße 20–24 | Tel. 27094949 | www.kampnagel.de | Bus 172 Jarrestraße | Winterhude*

SPREEHAFENFESTIVAL [152 C3] Insider Tipp

Reggae, Reggae, Reggae, darum geht es vor allem bei Norddeutschlands wohl sympathischstem Sommerfestival (ein Wochenende im Juni). Aber eben nicht nur: Auch Stadtteilpolitik für Wilhelmsburg spielt eine Rolle, denn es war die Bürgerinitiative „Zukunft Elbinsel e.V.“, die 1999 den Grundstein legte und noch heute dafür sorgt, dass dieses Festival „umweltneutral“ (jawohl, das ist auch möglich) organisiert wird: Also nix mit Bergen von Pappbechern und Essensmüll am Ende. *Eintritt frei | Potsdamer/Berliner Ufer | www.spreehafenfest.de | S3, 31 Veddel | Wilhelmsburg*

KINO

ABATON [140 C5]

Das Kinosterben gehört leider auch in Hamburg zum Alltag, doch das Abaton zählt zum Glück nicht dazu. Erstklassige Filme gibt es hier, oft im OmU, dazu eine nette kleine Bar und Zuschauer, die noch mit ihrer Haribo-Tüte statt mit Popcornbechern herumknistern. Wer etwas länger in der Stadt weilt, für den lohnt sich die Anschaffung der Cinecard: 5,50 Euro für jede Vorstellung (statt 6,50 bis 7,50 Euro), dazu Extra-Schmankerl wie Einladungen zu Premieren. *Mit*

Starke Stimmung: Rockspektakel auf dem Rathausmarkt

Cinecard 5,50 Euro | Allendeplatz 3 | Tel. 41 32 03 20 | www.abaton.de | Bus 4, 5 Grindelhof | Rotherbaum

FILMFEST HAMBURG

Es ist Deutschlands größtes Filmhappening und auch international längst ein Festival von Ruf. Jedes Jahr im September darf man sich auf Neuigkeiten freuen: Filme aus den entferntesten Regionen der Welt, spannende Drehbücher, dazu Diskussionen und andere Veranstaltungen rund ums Thema. Berühmt ist auch das jeweils parallel stattfindende Kinderfilmfestival. 2009 gab es zum ersten Mal eine schicke Festival-Lounge direkt neben dem Abaton-Kino, die hippe Ponybar fungierte als Treffpunkt für Fans, Stars und Journalisten. Wer sparen will, kauft sich eine Zehnerkarte (zuletzt für 55 Euro). *Karten ab 6,50, Zehnerkarte ca. 55 Euro | Abaton, 3001, Cinemaxx, Metropolis u.a. | www.filmfest-hamburg.de | Grindel, Innenstadt, Schanze, St. Georg*

Insider Tipp

FREILUFTKINOS

Hamburgs Sommernächte sind viel lauschiger als ihr Ruf und Freiluftkinos entsprechend in. Von den Filmnächten am Millerntor über Zeise Kinos Open Air bis zu Vorführungen auf dem Rathausmarkt gibt es eine große Palette an Locations und Terminen mit Filmen von Schnulze bis Kassenschlager, die Eintrittspreise reichen von kostenlos bis knapp unter 10 Euro. *Eintritt teilweise frei | Aktuelle Infos z. B. unter www.hamburg-web.de*

ZEISE KINOS [147 D3]

Statt Zeise Kinos müsste es eigentlich Zeise Schnäppchen heißen, denn die drei (recht kleinen) Kinosäle in den Räumen einer ehemaligen Fabrik bieten dem Programmkinofreund viele Sparmöglichkeiten: Montags kostet das Ticket statt 7,80 nur 5,50, Dienstag ist Sneakpreview für 5 Euro inklusive einer Tüte Popcorn. *Eintritt Mo erm. 5,50, Di erm. 5 Euro | Friedensallee 9 | Tel. 3 90 87 70 | www.zeise.de | Bus und S-Bahn Altona | Ottensen*

LESUNG, LITERATUR, FOREN

CAFÉ LEONAR [140 C5]

Einst war das Grindelviertel das lebendige Zentrum der Hamburger Juden, von Tausenden überlebten nur einige Hundert den Holocaust. Erst jetzt, Jahrzehnte nach Kriegsende,

Bild: Gute Filme: Zeise Kinos in altem Gemäuer

KULTUR & EVENTS

kehrt das jüdische Leben an den Grindel zurück. Das Café Leonar ist der intellektuelle Mittelpunkt am Grindelhof. Hier gibt es nicht nur kleine koschere Leckereien, sondern im dahinter gelegenen Jüdischen Salon Lesungen und Diskussionsforen, Infos unter *www.salonamgrindel.de*. *Eintritt ab 5 Euro | tgl. ca. 9–24 Uhr | Grindelhof 59 | Tel. 41353011 | www.cafeleonar.de | Metrobus 4, 5 Grindelhof | Rotherbaum*

HARBOUR FRONT LITERATURFESTIVAL
2009 feierte es Premiere und eigentlich war schon gleich am Auftaktabend klar: Dies ist der Beginn einer wunderbaren Festivalserie in Hamburg. Hafen und Bücher, das passt genial zusammen. Stuart Pigott las im Speicherstadtmuseum; Uwe Timm in der Katharinenkirche, Cornelia Funke im Cruise Center. Über 16000 Karten wurden verkauft, dank einer großen Spende der Kühne-Stiftung blieben die Eintrittspreise im Rahmen. Ganz umsonst: die tolle Party am Abend und eine Superstimmung im Festivalzentrum auf der Cap San Diego. *Tickets 0–23 Euro | September, rund um den Hafen | Informationen: www.harbourfront-*

CLEVER!

> Beim Eintritt sparen

In vielen Museen Hamburgs gibt es freien Eintritt für alle unter 18 – ein tolles Angebot, das mal über Sponsoren, mal über den Kulturetat finanziert wird. Viele Häuser bieten darüber hinaus günstigere Familienkarten oder Preisnachlässe zu besonderen Zeiten an. Sich vorher erkundigen lohnt auf jeden Fall *(www.hamburg-magazin.de)*. Wenn Sie öfter nach Hamburg kommen, kann sich auch die Kombikarte der Stiftung Historischer Museen lohnen: Für nur 30 Euro können Sie insgesamt zehn große Häuser ein Jahr lang so oft besuchen, wie Sie wollen, die Kombikarte ist ab Kaufdatum insgesamt 12 Monate gültig *(www.museumsdienst-hamburg.de)*. Rabatt für Sparfüchse verspricht zudem das „Kultursparpaket" mit je 4 Gutscheinen von 250 Kultur-Locations, womit sich viele Euro sparen lassen. *www.kulturfuehrer-hamburg.de*

hamburg.com | Hafencity, Speicherstadt, St. Pauli, Innenstadt

KÖRBERFORUM [148 C5]
Würde es die Körberstiftung nicht geben, man müsste sie für Hamburg erfinden. Großartig, was diese private Stiftung alles auf die Beine stellt und finanziert. Seit dem Umzug in die HafenCity entwickeln sich immer neue Themen und Foren. Bei den Veranstaltungen der unterschiedlichsten Art treffen Reedersgattin auf Jungmigrant, Bänker auf Hausbesetzer und wer sich dafür interessiert, wie die Hanseaten so ticken, der ist hier in der Regel goldrichtig. Ein Tipp ist beispielsweise der „Hafenlunch" (in der Regel einmal im Monat um die Mittagszeit mit kleinem Imbiss). Melden Sie sich vorher über die Internetseite an, es ist oft sehr früh ausgebucht. *Eintritt frei | Körberforum | Kehrwieder 12 | Tel. 808 19 20 | www.koerber-stiftung.de | U3 Baumwall | HafenCity*

sider ipp

MACHT-CLUB
Der Macht-Club (Macht von mächtiger Literatur) ist eine Top-Adresse, wenn es um das Hamburger Literaturleben geht. „Die Macht" organisiert wunderbare Lesungen, Buchhappenings und vieles andere mehr, was den Büchernarren freut. Meist kosten die Veranstaltungen nur ein paar Euro und bieten zu den Lesungen trotzdem noch so nette Dinge wie ein Musikprogramm oder eine kostenlose Bratwurst – den Nudelsalat dazu spenden dann die Besucher. Sie sehen: Macht hat mächtig lustige Dinge im Kopf. Gelesen wird an verschiedenen Orten. *Infos unter Tel. 89 82 33 | www.macht-ev.de*

MAGELLANTERRASSEN [149 D5]
So jung die HafenCity ist, schon gibt es Traditionen: Dazu gehören auch die schönen Lesungen und Diskussionsforen auf den Magellanterrassen an mehreren Wochenenden zwischen Juli und August. Sogar Tangotanzen können Sie hier, und das spektakuläre Ambiente gibt's gratis dazu. *Eintritt frei | Infos zu den Terminen unter www.hafencity.com | Bus 3, 4, 6 Magellanterrassen | HafenCity*

MUSEEN, GALERIEN, KUNST

ARCHÄOLOGISCHES MUSEUM HAMBURG [152 C4]
Der Sprung über die Elbe lohnt nicht nur für Wicki-Fans, denn aus dieser

Zeit stammen die meisten Exponate. Hamburgs Frühgeschichte ist nirgendwo in der Stadt so spannend dargestellt, zum Anfassen und Staunen. Spar-Tipp: Freitags ab 15 Uhr kostet das ganze nur die Hälfte! *Eintritt Fr erm. ab 15 Uhr 3 Euro | Di–So 10–17 Uhr | Harburger Rathausplatz 5 | Tel. 428 71 24 97 | www.archaeologischesmuseum-hamburg.de | S3, 31 Harburg Rathaus | Harburg*

BUCERIUS KUNSTFORUM **[131 D3]**

„Die Zeit"-Gründer Gerd Bucerius stiftete dieses wunderbare Haus, das schöne Wechselausstellungen zeigt, mal zu einzelnen Künstlern, mal zu einer ganzen Epoche. Die Ausstellungsräume beherbergten einst Kassen- und Schalterhalle einer Bank. Im Gegensatz zu den meisten Museen ist montags geöffnet, und dazu noch bei vergünstigtem Eintritt: 5 statt 7 Euro. Grund genug, den Wochenendausflug einen Tag zu verlängern. *Eintritt Mo erm. 5 Euro | Tgl. 11–19 (Do bis 21 Uhr) | Rathausmarkt 2 | Tel. 36 09 96 0 | www.buceriuskunstforum.de | U3 Rathaus | Altstadt*

Moderne Kunst, erstklassige Fotografie: Deichtorhallen

KULTUR & EVENTS

DEICHTORHALLEN [131 F4]

Die einstigen Großmarkthallen liegen südlich vom Hauptbahnhof, der Weg führt an einigen Galerien und am Kunstverein vorbei und ist etwas ungemütlich, aber kürzer als man denkt. Zu sehen ist nicht nur moderne Kunst, sondern vor allem erstklassige Fotografie. Spartipp: Dienstags ab 16 Uhr kostet der Eintritt 4,50 statt 9 Euro! Tipp: Bringen Sie getrost Ihren Nachwuchs mit – zwei Erwachsene mit Kindern zahlen stets nur 14 Euro. *Eintritt Di erm. 4,50 Euro (ab 16 Uhr) | Di–So 11–18 Uhr | Deichtorstraße 1–2 | Tel. 32 10 30 | www.deichtorhallen.de | U1 Steinstraße | Altstadt*

DER ROTE PUNKT

Klar, mit Berlin kann die Galerieszene in Hamburg nicht mithalten, aber sie wächst. Ob unten am Hafen, in Eimsbüttel, auf der Veddel oder rund um das kleine Kunstzentrum auf der Fleetinsel (Tipp: wunderbarer Kunstbuchladen *Sautter+Lackmann, Admiralitätsstraße 71*) – hier kann man schon ein paar spannende Stunden verbringen. Einen guten Überblick bieten ein paarmal im Jahr die preiswerten Galerien-Rundgänge „Der Rote Punkt": Für rund 10 Euro wird man Sie nett in die Szene einführen. *Kosten ca. 10 Euro | www.galerien-in-hamburg.de | Infos: Galerie Carolyn Heinz | Tel. 28 78 29 19*

DEUTSCHES ZOLLMUSEUM [131 E5] X

Ein echter Spartipp und ein Supererlebnis für die ganze Familie: Hier erfahren junge und alte Krimifans, was Schmuggler eigentlich den ganzen Tag so treiben – z. B. Zigarettenschachteln in Holzelefanten verstecken. Gut und günstig: Mit 2 Euro pro Person sind Sie schon drin. *Eintritt 2 Euro | Di–So 10–17 Uhr | Alter Wandrahm 16 | Tel. 30 08 76 11 | www.museum.zoll.de | Bus 3, 4, 6 Brandstwiete | HafenCity*

DIALOG IM DUNKELN [131 E4] Insider Tipp

Hier können Sie am eigenen Leib erfahren, wie es sich anfühlt, wenn man nicht sehen kann. Im Stockdunkeln geht es über einen Markt, durch belebte Straßen, einen Wald und sogar in den Hafen. Sie bekommen einen Blindenstock und los geht's. Ein ganz besonderer Ort, zudem noch mitten in der historischen Speicherstadt. Führungen gibt es nur in Begleitung eines blinden Guides. Low-

Insider Tipp Budget Tipp: Fragen Sie direkt einen Tag vor dem Wunschtermin nach Tickets, dann gibt es manchmal Last-Minute-Angebote, auch für das Dinner im Dunkeln. *Last-Minute-Angebote | Di–Fr 9–17, Sa 10–20, So 11–19 Uhr | Alter Wandrahm 4 | Tel. 0700/44 33 20 00 | www.dialog-im-dunkeln.de | U 1 Meßberg | HafenCity*

HAMBURGMUSEUM [131 A4]

Kriege, Brände und abrisswütige Bauherren haben von dem alten Hamburger Stadtkern kaum etwas übrig gelassen; also geht man ins Hamburgmuseum, wenn man noch ein wenig davon mitkriegen will. Der wunderschöne Ziegelbau, in den 1920er Jahren unter Aufsicht von Hamburgs damaligem Oberbaudirektor Fritz Schumacher entstanden, ist schon von außen sehenswert. Achtung: Jeden Freitag kostet die Eintrittskarte nur 4 statt 7,50 Euro, und wer am Wochenende kommt, erhält kostenlose Führungen. *Eintritt Fr erm. 4 Euro | Di–Sa 10–17, So bis 18 Uhr | Holstenwall 24 | Tel. 42 81 32 23 80 | www.hamburgmuseum.de | Bus 112 Hamburgmuseum | Neustadt*

CLEVER!

> Kunst im Öffentlichen Raum

Angeblich sollen die Hamburger Pfeffersäcke ja an Kunst nicht so interessiert sein, trotzdem werden in der Hansestadt weit mehr als 100 Werke im öffentlichen Raum präsentiert. Ganz kostenlos und ohne Gedrängel können Sie hier wirklich interessante Objekte begutachten, z. B. die wunderbaren Figuren des Bildhauers Stephan Balkenhol „Vier Männer auf Bojen" auf der Alster oder „Hans Albers" von Jörg Immendorff an der Reeperbahn. Einen Überblick über 52 der schönsten dieser Kunstwerke im ganzen Stadtraum bieten die kostenlosen Audioguides der Kulturbehörde. Von der Internetseite (*www.hamburg.de/kunstaudioguides*) können Sie sich die Führungen als MP3-File direkt herunterladen; allerdings kann das Laden, je nach Ausstattung Ihres Computers, schon mal ziemlich lange dauern.

KUNSTHALLE/GALERIE DER GEGENWART/HUBERTUS WALD FORUM [131 F2]
Dies ist natürlich die Topadresse unter den Hamburger Kunsthäusern mit einer weltweit renommierten Dauerausstellung aus allen Kunstepochen. Die regulären Eintrittspreise (ab 8,50 Euro) sind in keiner Weise überzogen, dazu kommen günstige Familienpreise (S. 119). Besonders nett ist zudem der „Goldene Freitag“: Oma nimmt dann die Enkel mit und spendiert hinterher allen lecker Kaffee und Kuchen – das Gedeck für die Senioren ist nämlich schon im Preis mit drin. *Di–So 10–18 (Do bis 21 Uhr) | Glockengießerwall | Tel. 428 13 12 00 | www.hamburger-kunsthalle.de | U- und S-Bahn Hauptbahnhof | St. Georg*

LANGE NACHT DER MUSEEN
Es ist keine Hamburger Spezialität, denn auch andere Städte organisieren die Lange Nacht der Museen. Doch die Hanseaten sind überzeugt: Nirgendwo ist das Event so großartig wie in Hamburg. Fast alle Hamburger Häuser (über 40!) nehmen teil; die kostenlosen Shuttlebusse sausen hin und her und wie auf einer Riesenparty amüsieren sich die Kunstfreunde. Startpunkt ist der Platz vor den Deichtorhallen. Und ein Spartipp ist das Ganze schon zum Normalpreis: Für nur 12 Euro kommt man in alle Häuser und kann den HVV nutzen. Immer im April/Mai. *12 Euro für alle Museen | Museumsdienst-Infoline: Tel. 428 13 10 | www.langenachtdermuseen.hamburg.de*

MUSEUM FÜR KUNST UND GEWERBE [131 F3]
Neben der Kunsthalle Hamburgs zweites großes und international bedeutendes Museum, direkt neben dem Hauptbahnhof gelegen. Großartig ist die Dauerschau, ob nun zum Thema Jugendstilmöbel, chinesisches Porzellan oder Kleider aus den 1920er-Jahren. Spartipp: Mi und Do kostet der Eintritt ab 17 Uhr nur 5 statt der regulären 8,50 Euro. *Eintritt Mi u. Do 5 Euro (ab 17 Uhr) | Di–So 11–18 (Mi, Do bis 21 Uhr) | Steintorplatz | Tel. 42 81 34 27 32 | www.mkg-hamburg.de | U und S-Bahn Hauptbahnhof | St. Georg*

MUSEUM FÜR VÖLKERKUNDE [140 C5]
Frisch renoviert präsentiert sich der ehrwürdige Bau in Rotherbaum. Die Südsee-Maskenschau ist ebenso ein-

malig in Deutschland wie die Hexensammlung, die Sie auf Anfrage besichtigen können. Die beste Nachricht: Freitags ab 16 Uhr ist der Eintritt für alle kostenlos! *Eintritt Fr ab 16 Uhr kostenlos | Di–So 10–18 (Do bis 21 Uhr) | Rothenbaumchaussee 64 | Tel. 42 88 790 | www.voelkerkundemuseum.com | Schnellbus 34 Museum für Völkerkunde | Rotherbaum*

MUSIK

ENSEMBLE RESONANZ [130 B2]

Das Ensemble Resonanz ist eine engagierte Truppe, die in Hamburg ganz wundervolle kleine Konzerte in der Laeiszhalle gibt. Die kosten dann natürlich auch Eintritt (ab 13 Euro) – so genannte Hörproben, die in der Regel ein, zwei Tage vor dem offiziellen Konzerttermin stattfinden, sind dafür komplett gratis zu besuchen! *Eintritt frei | Johannes-Brahms-Platz | Tel. 34 99 38 82 | Karten ab 13 Euro | www.ensembleresonanz.com | Bus 3, 35, 36, 112 Johannes-Brahms-Platz | Neustadt*

Insider Tipp HAMBURGER HAFENKONZERT

Alle echten Hamburger sind mit dieser Sendung aufgewachsen, immerhin geht es um das älteste Radiokonzert der Welt, ausgestrahlt jeden Sonntagmorgen von sechs bis acht Uhr auf der NDR Welle 90,3 UKW. Sie können auch direkt dabei sein, allerdings heißt es fix zuschlagen, denn die kostenlosen Karten sind blitzschnell ausgebucht. Die Sendung wird aufgezeichnet, z. B. im Maritimen Museum oder im Restaurant Willkommhöft; ab und zu gibt es auch Livesendungen, wie beispielsweise vom Hafengeburtstag. Gespielt wird Maritimes, aber auch Ina Müller war schon da. Kurz und gut: Eine echte Show! *Eintritt frei | NDR-Ticketshop im Levantehaus | Mönckebergstraße 7 | Tel. 0180/178 79 80 | www.ndrticketshop.de | U 3 Mönckebergstraße | Altstadt*

KIRCHENMUSIK

Hochhäuser hin, HafenCity her, Hamburgs Silhouette wird immer noch durch die Kirchtürme bestimmt. Herausragend sind die fünf Hauptkirchen: St. Michaelis, St. Katharinen, St. Jacobi, St. Petri und St. Nikolai. Für jeden Musikfreund lohnt der Blick ins Programm der hier angebotenen Konzerte, die normalerweise auch ganz normale Eintrittspreise haben. Ganz und gar kostenlos sind dagegen z. B. die wöchentliche Stunde der Kirchenmusik in St. Petri *(jeden Mi 17.15 Uhr, Mönckebergstraße, Innenstadt)* oder die Führung zur berühmten Arp-Schnitger-Orgel in St. Jacobi *(Do 12 Uhr, Jacobikirchhof 22, Innenstadt)*. Im Michel gibt es mittags um 12 Uhr eine Andacht mit Orgelmusik. Ebenfalls umsonst sind natürlich die sonntäglichen Gottesdienste, zu denen fast immer auch der Kirchenchor oder bekannte Solisten auftreten. Und es wird niemanden ärgern, wenn Sie hauptsächlich wegen der Musik kommen. *Eintritt frei | Infos: Tel. 08000/46 36 00 | www.hauptkirchen.de*

LUNCHKONZERTE LAEISZHALLE [130 B2]

Mittagspause mal ganz anders, etwa als schöne Unterbrechung einer Sightseeing-Tour: Im Brahmsfoyer der Laeiszhalle bieten die Hamburger Symphoniker meist einmal monatlich ein kostenloses Lunchkonzert. 30 Minuten lang gibt es Kammermusik vom Feinsten in einem wunderschönen Ambiente. Wer will, genießt einen Imbiss dazu (der ist aber nicht kostenlos!). Wer es verpasst: Die regulären Konzerte unter dem Maestro und Chefdirigent Jeffrey Tate gibt es bisweilen schon ab 7 Euro pro Karte. *Eintritt frei | Einmal monatlich Di 12.30–13 Uhr | Laeiszhalle | Johannes-Brahms-Platz | Tel 34 48 51 | www.hamburgersymphoniker.de | U 2 Messehallen | Neustadt*

NACHT DER CHÖRE [131 E3]

Ein Riesenspektakel für alle Musikfans, ziemlich einmalig in Deutschland: An die 30 Chöre aus dem ganzen Land reisen hierfür nach Hamburg und präsentieren in der St. Petri Kirche an der Mönckebergstraße ihr Können. Frühes Eintreffen sichert gute Plätze! *Eintritt frei | Einmal im Jahr an einem Sonnabend im Juni/Juli | Hauptkirche St. Petri | Mönckebergstraße | City | Infos: Amt für Kirchenmusik | Tel. 306 20 10 20 | www.kirchenmusik-hamburg.de | U 3 Mönckebergstraße | Altstadt*

PLANTEN UN BLOMEN [148 B2–C2]

Der Musikpavillon im Herzen von Planten un Blomen bietet wunderbare Gelegenheiten zum kostenlosen Musikgenuss, im Sommer an fast jedem Wochenende. Mal tritt das Airbus Orchester auf, mal eine Volkstanzgruppe aus Norwegen, mittwochs präsentiert sich das Polizeiorchester auf der Bühne *(Spielbeginn Mi, Sa, So in der Regel um 15 Uhr)*. Etwas ganz besonderes sind auch die Wasserlichtkonzerte *(im Sommer jeden Abend 22–22.30, Sept. 21 Uhr)*: Beleuchtete Fontänen tanzen im Takt des Bolero oder eines Walzers in den Nachthimmel, gesteuert von Deutschlands einziger Wasserlichtorgel mit Handbetrieb. An lauen Sommerabenden ein Muss für alle Liebespärchen (und natürlich auch alle anderen). An einigen Abenden steht sogar zusätzlich noch eine Feuershow auf dem Programm. Absolut sehenswert! *Eintritt frei | Mai–Ende Sept. | Musikpavillon und Parksee Eingang Rentzelstraße | Tel. 42 85 447 23 | www.plantenunblomen.hamburg.de | U 3 Sternschanze, Bus 35 Hamburg Messe, Eingang Mitte | Neustadt*

SCHLESWIG-HOLSTEIN MUSIK FESTIVAL

Das große Schleswig-Holstein Musik Festival ist weithin bekannt, internationale Stars aus aller Welt kommen zu den Konzerten, die häufig auf den Höfen und Landgütern im schönen grünen Norden stattfinden. Vieles liegt aber auch direkt vor den Toren Hamburgs, etwa das „Musikfest auf dem Lande" auf dem schönen Gelände der Baumschule Lorenz von Ehren *(Maldfeldstraße 4, Hamburg-*

CLEVER!

> Günstig: die Off-Theater-Karte

Hamburg hat über 50 Theater, und es werden immer mehr. Darunter die großen bekannten Häuser, aber eben auch viele, viele kleine. Sieben dieser individuellen Bühnen, darunter die beiden wunderbaren Häuser Fleetstreet (*Admiralitätsstraße, Neustadt*) und Lichthof (*Mendelssohnstraße, Bahrenfeld*), haben sich zusammengetan und bieten für 35 Euro je einen Eintritt in jedes ihrer Häuser, also nur 5 Euro pro Karte. Das Sammelticket kann online bestellt werden und wird per Post zugeschickt. *Informationen: telefonisch übers Lichthof-Theater, Tel. 30 03 37 48 80 oder unter www.hamburg-off.de*

Marmstorf, www.lve-baumschule.de). Da spazieren Sie einfach übers Gelände und genießen ein paar schöne Konzerte, die aus den (kostenpflichtigen) Sälen per Lautsprecher nach draußen übertragen werden. Für Kinder von 3 bis 13 Jahren gibt es eine ebenfalls kostenlose Kindermusikwerkstatt. Ganz herrlich! *Eintritt frei | Karten an allen bekannten Vorverkaufsstellen | Infos: Tel. 0451/38 95 70 | www.shmf.de*

THEATER/MUSICAL/ CABARETT

ALTONAER THEATER [147 E4]

Eigentlich ist das ganze Haus ein einziger Low Budget Tipp, denn nur wenige Theater in Hamburg bieten eine derartig breite Palette an Ermäßigungen (reguläre Preise 9–39 Euro) oder vollkommen eintrittslosem Theatervergnügen. Wer nur mal ins Haus reinschnuppern will, meldet sich für den kostenlosen Probenbesuch an (meist Sa 10–13 Uhr). *Probenbesuch frei, Eintritt für Schüler, Studenten und Azubis unter 27 Jahren Freitagabend 5 Euro | Museumstraße 17 | Tel. 39 90 58 70 | www.altonaertheater.de | Bus und S-Bahn Altona | Altona*

ELFEN IM PARK [147 F2] Insider Tipp

Das ist doch mal was anderes: Bei dieser Truppe, die im Sommer auf einem ehemaligen romantischen Friedhof unter Bäumen in Altona spielt, bestimmen Sie selbst den Eintrittspreis. Wer kann, zahlt mehr und ermöglicht so einem nicht so betuchten Mitmenschen einen günstigen Theaterabend. Gezeigt werden Stücke von Shakespeare bis Oscar Wilde, Klassisches Theater, aufgeführt von Profischauspielern in einem Profiambiente. Im Winter gibt es hin und wieder Veranstaltungen in einer Kirche oder auch in anderen Theatern. *Eintrittspreis nach eigenem Ermessen | Wohlerspark | Info: Tel. 30 89 80 29 | www.elfenimpark.de | Altona*

FOOLSGARDEN [148 A2]

Diese Kleinkunstbühne auf der Schanze gibt es seit 1977. Hier treten Puppenspieler, Zauberer oder Sänger auf, sie alle eint die Lust am Spielen und am öffentlichen Auftritt. Für viele war oder ist der Foolsgarden ein Sprungbrett zur professionellen Karriere. Das Ganze lebt auch von Spenden der Gäste. Mittwochs gibt es oft eine „offene Bühne“, in der Regel

ohne Eintritt, bei anderen Veranstaltungen legen die Künstler selbst die Eintrittspreise fest. *Eintritt Mittwoch meist frei | Lerchenstraße 113 | Tel. 43 65 82 | www.foolsgarden-theater.de | Metrobus 15 Schulterblatt | Schanzenviertel*

MUSICALS

Hochkultur hin oder her, die meisten Gäste kommen nach Hamburg wegen der Stage-Musicals, die derzeit „Der König der Löwen", „Ich war noch niemals in New York" und „Tarzan" heißen. Alle drei Vorstellungen sind Erfolgsrenner und bei Kartenpreisen um die 60–100 Euro kein Schnäppchen. Aber es gibt ein paar Tipps: Unter der Woche (vor allem Dienstags) ist es oft günstiger. Unter *www.prima-ticket.de* werden Karten zu Sonderpreisen oder Restposten verkauft und es gibt Familientage. Einfach mal reingucken. *Auf Eintritt am Di, Mi und So für Familien mit Kind 20 Prozent Ermäßigung | Karten-Hotline: 01805/44 44 | www.musicals.de*

OHNSORG-THEATER [130 C3]

Plattdütsch geht es hier zu, das wissen sogar Zuschauer in Freiburg. Denn das Ohnsorg-Theater ist seit Jahrzehnten stetiger Gast in der ARD zur besten Abendzeitunterhaltung. Und genau das bringt auch einen Superspartipp mit sich: Dreimal im Jahr kommen die Fernsehtechniker und zeichnen auf, alle Karten kosten dann nur zwischen 9 und 16 Euro. Achtung: Die Termine stehen immer schon früh im Jahr fest, allerdings gibt es Karten immer genau vier Wochen vor dem Termin, sie sind sehr schnell ausverkauft. Der Normalpreis liegt unter der Woche bei 12–23, bzw. am Wochenende zwischen 13 und 26 Euro. Im Sommer 2011 zieht das Ohnsorg-Theater ins Bieberhaus am Hauptbahnhof. *Eintritt ab 9 Euro | Große Bleichen 23–25 | Tel. 35 08 03 21 | www.ohn sorg.de | U-und S-Bahn Jungfernstieg | Neustadt*

Insider Tipp

POLITTBÜRO [149 E3]

Linkes Kabarett hatte es in den letzten Jahren nicht so leicht, doch nun ist Schwarz-Gelb an der Regierung – wenn das keine Steilvorlage für Lisa Politt und Gunter Schmidt alias „Herrchens Frauchen" ist. Zu dem hauseigenen Politkabarett in St. Georg gesellen sich immer wieder

Bild: Farbenfrohe Kostüme: Musical „Der König der Löwen"

nette Gäste; alle treten zu sehr zivilen Preisen auf. *Eintritt max. 15 Euro | Steindamm 45 | Tel. 28 05 54 67 | www.polittbuero.de | U 1 Lohmühlenstraße | St. Georg*

SCHAUSPIELHAUS **[131 F2]**

Der weiße Prachtbau gegenüber vom Hauptbahnhof ist Deutschlands größtes Sprechtheater. Die fast 2000 Plätze jeden Abend zu füllen hat schon viele Intendanten verschlissen. Zurzeit agiert Friedrich Schirmer an der Spitze und hält sich mit bewundernswerter Tapferkeit. Karten fürs Haupthaus kosten ca. 6–46 Euro. Ganz toll ist das Programm des Jungen Schauspielhauses, und dafür gibt es auch ein Super-Familienangebot: *Ab drei Personen zahlt ein Erwachsener für die Hauptkarte 10, alle anderen 5 Euro | Kirchenallee 39–41 | Tel. 24 87 13 | www.schauspielhaus.de | U- und S-Bahn Hauptbahnhof | St. Georg*

SCHMIDT THEATER/ SCHMIDTS TIVOLI **[148 A4]**

Das Schmidt und das Tivoli auf der Reeperbahn sind sicher kein Geheimtipp mehr; Stars wie Kay Ray oder der dauerausverkaufte Caveman sind bundesweit bekannt. Weniger bekannt ist, dass man einige Vorstellungen auch zu reduzierten Preisen genießen kann. Dienstag ist Theatertag, da gibt es Karten schon ab 11 Euro, z. B. für das St. Pauli Musical „Heiße Ecke" (regulär ab 30 Euro). Die berühmt-berüchtigte Schmidt-Mitternachtsshow (Sa 24 Uhr) ist schon für 14 Euro zu haben – fürs Gebotene absolut günstig. Völlig umsonst ist der Eintritt für die „Horst J. Gonzales Karaokeshow", Fr 23.23 Uhr, in der Hausbar des Schmidt Theaters. *Eintritt teils frei, Di ab 11 Euro | Spielbudenplatz 25–28 | Tel. 31 77 88 99 | www.tivoli.de | S 1–3 Reeperbahn | St. Pauli*

STAATSOPER/ HAMBURG BALLETT **[130 C2]**

Ein großartiges Haus mit einem tollen Programm und zwei charismatischen Superstars an der Spitze, die es in sich haben: Oper und Philharmonie, Simone Young sowie John Neumeier sind ein kongeniales Team. Und das Schönste daran: Wer sie bewundern will, muss gar nicht sooo tief in die Tasche greifen. Wirkliche Fans nehmen sich nämlich einen Stehplatz und zahlen nur 4 Euro

(Fernglas nicht vergessen!); in der Opera Stabile, der angeschlossenen Werkbühne, gibt es Aufführungen für nur 10 Euro und dazu sogar noch einen Drink. Ein spannender Tipp sind auch die Hausführungen für 6 Euro (unregelmäßig). *Stehplatz 4 Euro | Dammtorstraße 28 | Tel. 35 68 68 | www.staatsoper-hamburg.de | U2 Gänsemarkt | Neustadt*

THALIA THEATER [131 E3]

Das erste Haus am Platz, allerdings gab es gerade einen Intendantenwechsel und so richtig wissen selbst Insider nicht, wo Joachim Lux das Haus hinführen will. Wie in so vielen Hamburger Theatern gibt es auch hier immer günstige Plätze: Für nur 7 Euro kommen Sie rein, sichtbehindert, aber bei nicht ausverkauftem Haus suchen Sie sich halt einen besseren Platz, wenn das Licht ausgeht. Für echte Fans des anspruchsvollen Theaters lohnt sich die Anschaffung der Thalia-Card für 70 Euro: Zwei Personen zahlen ein Jahr lang nur den halben Preis bei fast allen Vorstellungen. *Karten ab 7 Euro | Alstertor 1 | Tel. 32 81 44 44 | www.thalia-theater.de | U- und S-Bahn Jungfernstieg | Altstadt*

THEATERNACHT

Insider Tipp

Junge, Junge, da ist vielleicht was los: Die Hamburger Theaternacht ist das Ereignis des Jahres für alle Freunde der Bühne zum Saisonbeginn (also immer im September). Sich alles anzuschauen gelingt niemandem, trotz kostenlosem Shuttlebus. Suchen Sie sich aus dem Programm (im Internet veröffentlicht) ein paar Highlights aus. Und kaufen Sie sich einen der kultigen Theaterbecher: der Kaffee hilft beim Wachbleiben. *Karten kosten ca. 10 Euro | www.hamburgertheaternacht.de*

UNIVERSITY PLAYER [140 C5]

Na klar , wo soll sie schon spielen, eine Truppe mit diesem Namen? Natürlich im Audimax auf dem Unigelände am Grindel. Und ebenso natürlich findet das ganze in englischer Sprache statt. Die Schauspieler sind Studenten und nehmen ich gerne lustige und freche Stücke vor. Die Kartenpreise liegen bei freundlichen 5–10 Euro. Gespielt wird in regelmäßigen Abständen während des Semesters. *Eintritt ab 5 Euro | Von-Melle-Park 6 | Tel. 428 38 48 52 | http://student.org.uni-hamburg.de/up | U1 Hallerstraße | Grindelviertel*

> Tolle Spaziergänge, coole Treffpunkte, preiswerte Feste – Sparfüchse haben in Hamburg beste Aussichten

Keine andere deutsche Großstadt ist so grün wie Hamburg, kaum eine so gut zu Fuß zu erlaufen. Wenn Sie hier „mehr“ erleben wollen, reicht manchmal ein simpler Spaziergang vollkommen aus. Frühmorgens am Elbufer in Höhe Övelgönne oder ganz einfach an den Landungsbrücken flanieren, das heißt genießen mit allen Sinnen: tutende Dampfer, tuckernde Barkassen, kreischende Möwen, alles gehüllt in ein zartes Nebelgewand – herrlich! Es gibt tolle Aussichtpunkte, von denen Sie der Hansestadt völlig kostenfrei aufs Haupt schauen dürfen, und In-Locations, wo Sie ein bisschen Subkultur schnuppern und den Tag entspannt vorbeistreichen lassen können. Wem ein Ticket fürs HSV-Spiel zu teuer ist, der kann in der Kneipe neben dem Stadion preiswert Fan-Atmosphäre genießen. Um dem Wesen der Stadt näher zu kommen, brauchen Sie eben keine teuren Eintrittskarten und auch keinen kostspieligen Reiseführer, ein bisschen Neugier und Entdeckergeist ist völlig ausreichend. Dann können Sie auch auf Menschen treffen, die Ihnen ganz persönliche Geschichten aus ihrer Stadt erzählen. Und wenn Sie dann noch wissen, wo „man“ sich trifft, na, dann gehören Sie schon beinahe dazu.

MEHR ERLEBEN

DICHTER DRAN

JAPANISCHES KIRSCHBLÜTENFEST VOM LOGENPLATZ

Mit einem prachtvollen Feuerwerk über der Außenalster, „Hanabi" genannt, meldet sich Hamburgs japanische Gemeinde alle Jahre wieder an einem Wochenende Ende Mai prächtig und lautstark zu Wort. Rund ums Ufer herrscht Volksfeststimmung, VIPs genießen das Ganze vom teuren Restaurant-Tisch im Hotel Intercontinental oder im Royal Meridien. Die preiswertere und bestimmt nicht weniger stimmungsvolle Alternative: Sie mieten ein Boot *(z. B. bei Bootsverleih Goldfisch | Kanu ab 9 Euro/Std. | Isekai 1 | Tel. 57 00 96 90 | www.goldfisch.de)* und begutachten das Ganze gemütlich schaukelnd vom Wasser aus. Noch billiger: Lassen Sie sich einfach auf einer der Alsterwiesen nieder, etwa am Schwanenwik, am besten mit Decke und Picknickkorb, und erfreuen sich am bun-ten Feuerwerk. Informationen über die deutsch-japanische Gesellschaft: *www.djg-hamburg.de*

KIEZ INSIDE MIT FIETE FRAHM [148 A4]

Die großen Kiez-Führungen sind Ihnen zu wenig individuell und zu teuer? Dann nichts wie hin zu Fiete Frahm. Der ist 85 oder schon 90, so genau will er das nicht sagen. Geht ja auch keinen was an, solange er fit und fröhlich vor seinem kleinen Erotik-Museum in der Bernhard-Nocht-Straße sitzt und sich freut, wenn mal jemand vorbei schaut und für ein paar Euro seine Bilder und Kunstwerke bestaunt. Etwas skurril ist das Ganze und sicher nicht jugendfrei, aber wenn Fiete ins Erzählen kommt, dann können Sie jeden offiziellen Tourguide vergessen: Besser als er kennt kaum einer den Kiez. *Eintritt nach Ermessen | geöffnet ist, wenn Fiete vor der Tür sitzt, meist tgl. ab 11 Uhr | Bernhard-Nocht-Straße 65 | S 1, 3 Reeperbahn | St. Pauli*

HAMBURG VON OBEN

DOCKLAND [147 E5]

Insider Tipp

Sie wollen mal kostenlos weit über den Hafen gucken? Dann nix wie rauf aufs Dockland, Hamburgs wohl spektakulärstes Bürohaus am Altonaer Fischereihafen, erbaut von Star-Architekt Hadi Teherani. Hier dürfen Sie ganz regulär und völlig gratis den Angestellten in den Büros darunter aufs Dach steigen und von oben den Blick über die Elbe genießen. Grandios. *Eintritt frei | Dockland | Van-der-Smissen-Straße 9 | Hadag-Fähre 62 Anleger Dockland | Altona*

GRINDELHOCHHÄUSER [140 C4]

Paternoster gibt es noch einige in Hamburg, manche sind öffentlich zugänglich, so wie der im Bezirksamt Eimsbüttel in den Grindelhochhäusern. Nehmen Sie Ihre Kinder an die Hand und gönnen Sie sich im 12. Stock ein günstiges Mittagessen (Hauptgericht ca. 5 Euro) in der Amtskantine. Die ist nicht nur preiswert, sondern bietet auch einen genialen Blick über die Stadt – und der ist natürlich vollkommen gratis. Zurück geht's dann wieder im historischen Paternoster, ein kostenfreies Vergnügen. *Eintritt frei | Kantine Mo–Fr 11.30–13.45 Uhr | Grindelberg 66 | Metrobus 5, 15 Bezirksamt Eimsbüttel | Harvestehude*

Insider Tipp

KARSTADT-SPORTHAUS-TERRASSE [131 F3]

Hier gibt es in der fünften Etage nicht nur eine fürs Stadtzentrum günstige Cafeteria (Nachschlag-Cappu nur 1 Euro), sondern in der Etage darüber eine tolle Aussicht auf Teile der Hamburger City – und zwar vollkommen gratis. Man guckt runter auf eines der größten Bauprojekte der Stadt, das Ende des 19. und Anfang des 20. Jh. begann: Die 29 Meter breite Shoppingmeile Mönckebergstraße, 1908 mit viel Sprengstoff durchs Quartier geschlagen, sowie das Kontorhausviertel mit seinen noch immer beispiellos schönen Backsteinbauten. Der Besuch lohnt – auch wegen der günstigen Drinks im Café Flow! *Eintritt frei | Karstadt sports | Mo–Sa 9.30–20 Uhr | Lange Mühren 14 | Tel. 30940 | U- und S-Bahn Hauptbahnhof | Altstadt*

NIKOLAIKIRCHTURM **[131 D4]**
Die Nikolaikirche im Zentrum der Hamburger Altstadt wurde im Krieg fast völlig zerstört und dient heute als Mahnmal an seine Schrecken. Der gläserne Fahrstuhl zur Turm-Plattform in 76 m Höhe ist mit 3,70 Euro zwar nicht ganz billig, dafür ist der

Kostenfreies Vergnügen: Fahrt im Paternoster in den Grindelhochhäusern

Besuch des Dokumentationszentrums zum Zweiten Weltkrieg mit eingeschlossen. Von oben haben Sie einen fantastischen Blick und können auch mithilfe historischer Fotos das zerstörte Hamburg von 1945 mit dem Stadtbild von heute vergleichen. *Eintritt 3,70 Euro | tgl. Mai–Sept. 10–20, Okt.–April bis 17 Uhr | Willy-Brandt-Straße 60 | Tel. 37 11 25 | www.mahnmal-st-nikolai.de | U3 Rödingsmarkt | Altstadt*

PLACES TO BE

ALSTERPERLE [141 E5]

Sehen und gesehen werden, das ist rund um das ehemalige Klohäuschen am Alsterufer das Wichtigste. Hinzu kommt ein spektakulärer Sonnenuntergang am Abend vor Stadtsilhouette und Segelschiffen. Wer mithalten will bei den Schönen und Reichen, bestellt das Glas Prosecco zu 3,50 Euro und small-talkt möglichst cool über die letzten Business-Zahlen. Schließlich befindet man sich in Uhlenhorst, einem der teuersten Wohnviertel der Stadt. Nicht weniger stilbewusst, aber preisgünstiger geht es auf dem Rasen nebenan zu: Da wird gegrillt, was das Zeug hält, und die mitgebrachte Flasche Prosecco steht im Sektkühler neben der Holzkohle ... *Tgl. 8 Uhr bis zum Abend,*

CLEVER!

> Was Sie nicht tun sollten

Hier ein paar Tipps, wie Sie in der Hansestadt Fettnäpfchen vermeiden. Z. B. beim Outfit: Statt Goldkettchen und Rolex wählen Sie lieber etwas Diskreteres – protzen ist hier nicht angesagt. Allergisch reagiert der Hanseat auch auf Anbiederei: Sprechen Sie so, wie Ihnen der Schnabel gewachsen ist, das breite Hamburgisch überlassen Sie besser den hier Geborenen. Einen wirklich strengen Dresscode gibt es dafür nicht mal mehr in der Oper; und wenn Sie tatsächlich in eine edle Institution wie den Anglo-German-Club eingeladen werden, wissen Sie sowieso, wie man sich kleidet. Eines machen Sie bitte auf keinen Fall: München als die schönere Stadt mit womöglich besserem Freizeitangebot („diese schöönen Bergseen!") loben – das kommt hier gar nicht gut an!

im Sommer open end | Eduard-Rhein-Ufer 1 | Tel. 22748273 | www.alsterperle.com | Metrobus 6 | Mundsburger Brücke | Uhlenhorst

PARK FICTION [148 A4]

Achtung, gefährliches Terrain: Schließlich sind Sie hier ganz dicht an der berühmt-berüchtigten Hafenstraße, die einst mit Randale und Hausbesetzungen weltweit für Furore sorgte. Diese Zeiten sind vorbei, doch etwas an alternativem Flair ist noch vorhanden. Park Fiction entstand aus einer alternativen Künstler-Aktion und ist heute eine der schrägsten, aber auch interessantesten Parkanlagen der Stadt mit Blick auf Elbe und Werft. Hier treffen Punk und Nerd aufeinander, sonnen sich unter Plastikpalmen, spielen Baseball oder Schach und trinken friedlich ihr mitgebrachtes Astra-Bier. Nicht unbedingt das Richtige für ältere Herrschaften aus der Provinz. *Eintritt frei | Ecke Pinnasberg/Antonistraße | www.parkfiction.org | S1, 3 Reeperbahn | St. Pauli*

SCHANZENPIAZZA [148 A2]

Ein cooler Treffpunkt der Medien- und Musikszene mit ganz besonderem Charme: Man trägt hippe Klamotten, trinkt einen portugiesischen Milchkaffee für 1,80 Euro in einem der umliegenden Cafés und präsentiert, Vorbild Madonna, gerne auch den Nachwuchs, der dann am warmen Käse-Schinken-Toast knabbern darf. Ein bisschen Laufsteg-Charakter hat das schon, vor allem an warmen Sommertagen, dann ist die Piazza gerappelt voll. Abends öffnen die Bars mit sehr, sehr junger Klientel. Direkt gegenüber liegt das Veranstaltungszentrum alte Flora, Mekka aller Alternativen für Norddeutschland, die regelmäßig mit Straßenschlachten auf sich aufmerksam machen. *Schulterblatt, Ecke Susannenstraße | Metrobus 15 Schulterblatt | Schanzenviertel*

STRANDPERLE [146 C4]

Wenn es in Hamburg einen Ort gibt, auf den sich vom Reeder bis zum Punk alle einigen können, dann ist das die Strandperle. Solange man denken kann, gibt es in der provisorisch wirkenden Bude leckere Snacks für 2,50 und ein Alsterwasser (in Süddeutschland sagt man Radler dazu) zu 1,50 Euro, oder die Menschen sitzen mit der mitgebrachten

Dose Holsten Pilsener stundenlang im Sand davor, schauen auf die vorbeifahrenden Containerschiffe und sinnieren über das Leben, von morgens bis abends. Die Strandperle ist weniger eine Imbissbude, sie bildet den Rahmen für ein Lebensgefühl! Einziges Manko: Bei schlechtem Wetter und im Winter ist geschlossen, und manchmal schwappt die Hochwasserwelle bis ins Bierglas. Aber das gehört halt dazu. *Sommer tgl. ca. 11–22 Uhr oder länger | Övelgönne 60 | Tel. 8801112 | www.strandperle-hamburg.de | Bus 112, Hadag-Fähre 62 Neumühlen | Övelgönne*

VEREINSHAUS DES BLANKENESER SEGELCLUBS [144 B3]

Blankenese at it's best: Am Fuße des Treppenviertels im schicken Elbvorort finden Sie das sympathische Clubheim des Blankeneser Segelclubs mit kleinem Restaurant. Insider Tipp Chef Sven Nielsen kocht regional, saison- und preisbewusst, z. B. im Winter lecker Grünkohl mit Kassler. Atmosphäre, maritimes Ambiente und die Nähe zur Elbe gibt's gratis, Schnösel haben hier nichts zu suchen, hier geht es um Ausspannen, gutes Gespräch übers Segeln, kurz: um echtes Hamburg-Feeling. *BSC-Clubhaus | Jollenhafen Blankenese | in der Regel Di–Fr ab 16, Sa/So ab 11 Uhr | Tel. 86625286 | | S1, 11 Blankense oder Schnellbus 48 Blankenese Fähre | Blankenese*

ZUM MITMACHEN

KLETTERN [148 A2]

Von wegen Flachland: Hamburg hat diverse Berge, z. B. den Süllberg in Blankenese (immerhin über 60 m hoch) und sogar einen Weinberg auf dem Stintfang bei den Landungsbrücken. Wer richtig klettern will, der sucht natürlich nach härteren Herausforderungen. Die bietet beispielsweise die Kletterwand des über 20 m hohen Bunkers an der Schanze: Jeden Sonntag (*April–Okt. 15–17.30 Uhr*) bei schönem Wetter dürfen sich hier Anwohner, Zugereiste und überhaupt alle anderen in der Wand probieren – kostenfrei. Das Rundherum ist schön alternativ. Und im Anschluss dürfen Sie gerne eine Spende da lassen, dies ist nämlich eine wirklich tolle Stadtteilinitiative. *Nutzung kostenlos | Schulterblatt | Infos: www.kilimanschanzo.de | Metrobus 15 Schulterblatt | Schanzenviertel*

Bild: Für Mutige: gratis klettern am Schanzen-Bunker

MINIGOLF

Die Clique ist genervt vom Museum, alle brauchen frische Luft? Dann ist Minigolf genau der richtige Spaß und dazu noch relativ günstig. Zwei sehr zentrale Plätze gibt es in Hamburg. Zum einen die nette Anlage in Planten un Blomen gegenüber des Hamburgmuseums, ein Spiel für Erwachsene kostet hier 3, Kinder zahlen 2 Euro. Klasse sind auch die großen Trampoline nebenan (1 Euro für zehn Minuten) und der kleine Kiosk, bei dem es noch ein Stieleis für 50 Cent gibt *(Mai–Sept. tgl. 10–21 Uhr | Glacischaussee, Eingang Große Wallanalagen)*. Ebenfalls sehr zentral und mit gleichen Preisen präsentiert sich der Minigolfplatz mitten im Stadtpark *(bei guter Witterung Mo–Fr ab 14 Uhr, Sa/So ab 12 Uhr | Südring/Ecke Spielwiesenweg | www.minigolf-in-hamburg.de)*. Auch hier gibt es einen Kiosk und einen Spielplatz nebenan, das Ganze liegt schön schattig unter Bäumen.

SCHWIMMEN [141 F1]

Ja, Sie dürfen in der Elbe schwimmen, und das tun im Sommer vor al-

CLEVER!

> Alt eingesessene Hamburger treffen

Das Klischee vom Hanseaten in blauer Clubjacke mit Goldknöpfen, es lebt wirklich. Wo Sie Hamburger Bürger wie aus dem Bilderbuch finden? Abends z. B. am Thalia-Theater, da strömen Reeder, Bänker und Juristen durchs Portal, vorzugsweise im Blazer; die Gattin schick im Kostüm mit Perlenkette, beide haben seit 30 Jahren ihr Abonnement für dieses alt eingesessene Theater. Am lauschigen Anleger des Norddeutschen Regatta-Club (*Ecke Schöne Aussichten/Fährhausstraße*) sonnen sich anderntags die Kinder im Seglerdress, sie haben gerade einen Wettbewerb zu Wasser gewonnen. Er trägt schon das BWL-Examen in der Tasche und übernimmt bald Papas Geschäft in dritter Generation, sie besucht noch die Sophie-Barat-Schule und freut sich auf den nahen Reiterurlaub in Spanien, natürlich zusammen mit Mutter. Alle zusammen genießen sie das gute Gefühl: in einer der schönsten Städte der Welt zu leben!

lem Kinder. Aber Vorsicht: Der Sog ins Fahrwasser ist enorm und einfach so drauf los paddeln geht auf keinen Fall. Sicherer und friedlicher ist es am Boberger See: Der ehemalige Baggersee liegt in schönstem Wald-Idyll, es gibt sogar eine FKK-Wiese. In der Nähe befindet sich eine riesige Wanderdüne, mit Sand so fein wie auf Usedom *(Boberger Düne, Lohbrügge)*. Noch sicherer freilich (und fast genauso schön) ist das Freibad im Stadtparksee, ganz offiziell mit Bademeister und trotzdem mit Schilf und Alsterfischen unter den Füßen (im Sommer) – und mit 2,70 Euro Eintritt echt erschwinglich. *Tagesticket 2,70 Euro | Sommer tgl. 11– ca. 20 Uhr, je nach Witterung | Südring 5b | Tel. 18 88 90 | www.baederland.de | U3 Saarlandstraße | Winterhude*

SKATEN

In Hamburg gibt es ganz wunderbare Skater-Touren, allerdings muss man für einige vorher ein Stück mit der Bahn fahren. Z. B. raus auf die größte Elbinsel zum S-Bahnhof Wilhelmsburg, dann geht es weiter nach Osten, Richtung Norderelbe. Der Moorwerder Hauptdeich ist ein kostenneutrales Skate-Dorado, tolle Landschaft inklusive. Mehrmals im Jahr gibt es aber auch Skate-Events mitten in der Stadt, z. B. eine Runde um die Außenalster: Mehr als 20 000 Skater sind es meist, da kann es schon ganz schön eng werden *(Infos www.inline-skating-schule.de)*. Wo es ansonsten in Hamburg noch schöne Strecken gibt (z. B. entlang den Elbdeichen in Wedel oder im Alten Land), erfahren Sie zudem auch über das Internetportal *www.skating-hamburg.de*

ZUM ZUGUCKEN

EISHOCKEY [138 B2]

Ok, die Freezers haben schon mal bessere Zeiten gesehen, aber die Show in der Color-Line-Arena ist immer noch spitze. „Junge, komm' bald wieder" dröhnt es aus den Lautsprechern, wenn ein Freezer vom Platz verwiesen wird. Und alle stimmen mit Heidi Kabel ein, wenn dies dem Gegner geschieht: „In Hamburg sagt man Tschüüüüüß" – schön fies und Kult total. Kaufen Sie sich eine billige Karte für einen Platz in den obersten Rängen (ca. 13, 14 Euro) und dann verbringen Sie das Spiel mit einem Caffe Latte im Restaurant:

Das liegt nämlich direkt über dem meist tobenden Fanblock. Mehr Stimmung für kleines Geld geht nicht. *Saison Sept.–Ende April | Color Line Arena | Sylvesterallee | Tickethotline 01805/20 84 08 | www.freezers-hamburg.de | S3, 21 Stellingen | bei Spielen dann weiter mit dem Shuttle-Bus*

FUSSBALL HSV [138 B3]

Es soll in Hamburg Dreijährige geben, die ihrem Kindergartenkumpel die Freundschaft aufkündigen, weil der im falschen Club ist: HSV oder St. Pauli, das ist für den wahren Hamburger Fußballfan eine bitterernste Lebensentscheidung. Für HSV-Spiele in der HSH Nordbank Arena gilt: Die Fans stehen ausschließlich in der Nordkurve, Karten hierfür sind allerdings schwer zu ergattern und bis zu 100 Euro teuer – unbezahlbar. Unser Mehr-erleben-Tipp: Bei Auswärtsspielen trifft man sich Insider Tipp in der „Raute“ *(Sylvesterallee 7)*, einer Fußballkneipe direkt am Stadion und verfolgt das Spiel am Bildschirm. Top-Atmosphäre zu 2,50 Euro fürs kleine Pils. Wer mehr ausgeben will: Zu allen Zeiten bietet sich der Besuch im HSV-Museum an – mit Stadionführung, Kombiticket 10 Euro. *Tgl. 10–19 Uhr (18.30 letzter Einlass) | HSH Nordbank Arena | Sylvesterallee 7 | Tel. 41 55 15 50 | www.hsv-museum.de | Bus 22 Schnackenburgallee, dann noch 10 Min. Fußweg | Stellingen*

FUSSBALL ST. PAULI [148 B3]

Wie es mal war, ist es auch nicht mehr „auf Pauli“, denn die schicke neue Tribüne passt vielen Altfans gar nicht. Die stehen gerne noch immer in der Südkurve in ihrer „Meckerecke“ und schimpfen auf die Spieler, wenn sie nicht ihr Bestes geben. Karten sind eigentlich nicht zu kriegen, da seit Jahrhunderten in fester Hand. Deshalb ein Tipp: Stellen Sie sich an einem Spieltag einfach mal aufs Heiligengeistfeld nebenan – zumindest die Superstimmung ist hier so hör- wie spürbar. Oder Sie gehen auf ein Bier zu 2,20 Euro ins Café September gegenüber *(Feldstraße 60 | Tel. 43 76 11 | www.cafe-september.de)* – dort treffen sich auch mal die Spieler, und gute Stimmung gibt es hier gratis dazu. *Millerntorstadion auf dem Heiligengeistfeld | Tel. 31 78 74 51 | www.fcstpauli.com | U3 St. Pauli | St. Pauli*

Bild: für echte Fans – Nordkurve der HSH Nordbank Arena

MEHR ERLEBEN

> Billig und trotzdem lecker? Wir meinen, das geht. In den folgenden Läden werden Sie gut und günstig satt

Es duftet auf Straßen und Plätzen, schimmerndes Licht lockt besonders bei Hamburger Schietwetter in Kneipen und Restaurants. Gastliche Stätten aller Ethnien gibt es zuhauf, dazu viele coole Läden mit feiner Crossover-Küche und natürlich besternte Küchentempel fürs große Portemonnaie. Die norddeutsche Metropole zählt sicher nicht zu den preiswertesten Städten der Republik, doch muss ein Leben wie Gott in Hamburg nicht überaus teuer sein. Es gibt viele Restaurants, die Köche mit Esprit und Liebe zur Arbeit beschäftigen und trotzdem günstige Preise haben, etliche sind dabei sogar noch urig oder gemütlich. Genau solche Locations haben wir gesucht und gefunden – sehen Sie selbst. Dazu natürlich Adressen anständiger Imbisse, wo Sie schnell und besonders billig satt werden können. Gute Nachricht für Nichtraucher: Nach einigen Querelen ist die Qualmerei in Hamburger Restaurants endgültig verboten, selbst sogenannte Raucherzimmer sind nicht mehr geduldet. Ausnahmen werden nur für kleine Eckkneipen gemacht, die keine Speisen anbieten. In den folgenden Lokalen essen Sie also nicht nur gut & günstig, sondern auch garantiert ohne störenden Zigarettenqualm.

ESSEN & TRINKEN

CAFÉ

MILLER [148 A3]

Im Miller werden traditionell Siege und Niederlagen des FC St. Pauli in Astra ertränkt. Dass man hier auch gut frühstücken kann, nämlich schon ab 2,20 Euro, ist dem von außen ziemlich schrabbelig wirkenden Lokal nicht anzusehen. Trauen Sie sich ruhig rein, hier beißt keiner – außer ins Brötchen. Oder in bestens schmeckenden hausgemachten Kuchen. Omas Apfelkuchen hat Saft und Kraft, der Karottenkuchen erfreut Veganer (ohne Ei und Milch) und der Käsekuchen mit Mohn ist die Krönung – auch für hartgesottene Fußballfans. *Di–Fr ab 15, Sa/So ab 10 Uhr | Detlev-Bremer-Straße 16 | Tel. 31 57 19 | U 3 Feldstraße | St. Pauli*

LA PAZ [139 F3]

Schon ab 2 Euro gibt's hier ein Frühstück, das seinen Namen verdient, der Kaffee dazu kostet gerade mal 1 Euro. Das sind schon mal zwei Argumente für dieses Café-Restaurant in Eimsbüttel. Es gibt freilich noch mehr: Die Bedienung ist freundlich und zuvorkommend, gemütlich und urig ist es, und wer zu spät zum Frühstück kommt, entscheidet sich statt dessen für die günstigen Tapas. Ein anständiger Mittagstisch ist schon ab 3,90 Euro zu haben. Und Donnerstagabend spielt hier die Musik, und zwar live. *Mo–Fr 9–1.30, Sa 10–1.30, So 9.30–1.30 Uhr | Heussweg 49 | Tel. 40 98 57 | www.lapaz-hamburg.de | U 2 Osterstraße | Eimsbüttel*

IMBISS

AL ARABI [147 D3]

Schräg gegenüber vom Veranstaltungszentrum Fabrik liegt dieser arabische Imbiss, der sich schon durch das Gemüse- und Salatangebot von den meisten seiner Art unterscheidet. Bunt ist es, akkurat angeordnet, liebevoll dekoriert oder lecker eingelegt. Fast alle kommen wegen der frischen Falafel zu 3,50 Euro, für die das Al Arabi ein bisschen berühmt ist. Und für den Petersiliensalat. Und das Kichererbsenpüree mit Tahina. Und die Granatapfelsoße. Im Sommer geht's raus in den Hinterhof, da plätschert ein Brunnen und lässt die laute Barnerstraße weit weg erscheinen. *Tgl. ab 11 Uhr | Barnerstraße 42 | Tel. 32 52 25 57 | Bus 2, 150 Friedensallee | Ottensen*

CORFU [139 F3]

Die Portionen in diesem wuselig-lauten, aber familiären Imbiss-Restaurant schafft eigentlich kein Mensch. Masse vor Klasse ist zwar hier die Devise, aber ganz ehrlich: Eine anständige Portion Gyros mit Zaziki oder ein Bifteki Schuhgröße 45 hat noch niemandem geschadet. Das, was man im Corfu für 6 Euro bekommt, könnte man zu Hause für das Geld nicht selbst kochen. Die Katerina-Platte zum Mitnehmen (9,50 Euro) reicht für drei. Ein besseres Preis-Leistungs-Verhältnis ist selten, und deswegen ist es wahrscheinlich der einzige Imbiss der Stadt, in dem eine Reservierung ratsam ist, wenn man an einem der Tische im hinteren Teil sitzen möchte. *Ruhetag Mo, Di–Fr 13–22, Sa ab 12 Uhr | Hellkamp 43 | Tel. 40 19 62 44 | U2 Osterstraße | Eimsbüttel*

CURRY PIRATES [141 F3]

Früher hat Michael Weißenbruch ein beliebtes Feinschmeckerrestaurant geführt, heute macht er in Wurst. Auf den ersten Blick ist das ein Abstieg, auf den ersten Biss wird allerdings klar, dass es sich hier um das kreativste Brät der Stadt handelt. Und dabei muss man nicht die Edelvariante mit Kalb, Trüffel und Gänseleber probieren. Schon die normale Currywurst zu 2,80 Euro mit Aprikosen im Brät ist eine Wucht. Oder die Ochsenwurst mit Apfelstückchen und Wasabisoße für 3,20 Euro. Michael Weißenbruch macht sie alle selbst, ebenso die Soßen, die Mayonnaise, die belgischen Pommes. Jede Woche

Insider Tipp

denkt er sich eine neue Sorte aus, manchmal holt er sich dabei Anregungen von seinen Stammgästen. Die reisen, wenn es sein muss, auch quer durch die Stadt, um seine fleischgewordenen Ideen zu genießen. *Ruhetag So, Mo–Fr 12–15 u. 17–21, Sa 12–18 Uhr | Mozartstraße 23 | www.curry-pirates.de | Bus 6 Hofweg | Uhlenhorst*

ERIKAS ECK [148 B2]

Morgens um vier ist in Erikas Eck schon ordentlich was los. Da stehen dann Frühaufsteher und Nachtschwärmer am Tresen, ordern dick belegte Brötchen oder Kotelett, dazu einen Pott Kaffee zu 1,10 Euro, das weckt die Lebensgeister. Rundstück warm XXL schlägt mit 6,50 Euro zu Buche und auf die Hüften, Leberkäs mit Spiegelei und Kartoffeln kostet 4,50 Euro, donnerstags gibt's jedes tellerfüllende Schnitzel mit Bratkartoffeln für 6,95 Euro, dazu noch ein kühles Astra (2 Euro). Erikas Eck ist nicht bloß ein Imbiss, sondern eine Oase. Das schätzen auch Typen wie Tim Mälzer und Thorsten Gillert, die ums Eck ihre Feinschmecker-Restau-

Ochsenwurst mit Apfelstückchen und Wasabisoße: Curry Pirates

rants haben. *So–Fr 17–14, Fr/Sa 17–9 Uhr | Sternstraße 98 | www.erikas-eck.de | U- und S-Bahn Sternschanze | St. Pauli*

KLEINE PAUSE [148 A3]

Womit soll man hier anfangen? Mit dem Schollenfilet, das 3 Euro kostet? Oder mit dem Wiener Schnitzel zum gleichen Preis? Mit der großen Pizza für 5,20 Euro? Oder dem guten Vegi-Burger für 2,90 Euro? Oder doch lieber damit, dass die Inhaber Sabine und Thorsten das Herz am richtigen Fleck haben, das Personal immer bester Stimmung ist und hier richtig schön hamburgisch nachbarschaftsgeschnackt wird? Die Kleine Pause ist einfach ein großes Glück für kleine Geldbeutel. *Mo–Fr 8–3, Sa 9–5, So 9–2 Uhr | Wohlwillstraße 37 | www.kleine-pause.de | U3 Feldstraße | St. Pauli*

Insider Tipp

PIZZA AL TAGLIO VIA VAI [147 D3]

Julia Breyer verkauft perfekte Pizza mit Birne und Gorgonzola, Parmaschinken und Rucola, Pfifferlinge Sardellen und Pinienkernen und allem, was ihr sonst noch so einfällt. Die fertige Pizza schneidet sie in Stücke, deren Größe die Kundschaft bestimmt und nach Gewicht bezahlt, 100 Gramm kosten 1,30–1,80 Euro. Einfach reinbeißen – himmlisch! *Ruhetag So, Mo–Fr 12–23, Sa 17–24 Uhr | Bahrenfelder Straße 233 | Tel. 79 69 26 26 | S-Bahn Altona | Ottensen*

POLOKANTINE [148 A2]

Winzig ist diese Kantine – und ihre Preise sind es auch. Nudeln, Eintöpfe und Salate kommen zackig auf die Tische, die erstklassige Pasta kostet 3,90, das teuerste Gericht 5,50 Euro. Und weil die Bedienung so freundlich ist, fühlt sich das gemischte Publikum in den frischgrünen Wänden äußerst wohl. *Ruhetage Sa und So, Mo–Fr 10–17 Uhr | Bartelsstraße 26 | Tel. 43 17 96 36 | www.polokantine.com | S-Bahn Sternschanze | Schanzenviertel*

SLIM JIMS [148 A2]

Die Inhaber dieser Pizzaküche sind keine Italiener, dafür aber Feinschmecker. Auf krossem Hefeteig landen hier gern Honigente mit Backpflaumen, Mascarpone-Meerrettich und Trauben oder Humus-Dattel-Creme und Rotweinzwiebeln. Für Menschen, denen das zu viele

Experimente sind: Standards wie Salami, Tomate und Käse gibt es natürlich auch. Das Pizzabrot kostet 3, Mittagstisch 5 Euro. *Mo–Fr 11.30–22.30, Sa und So 13–22.30 Uhr | Bei der Schilleroper 1-3 | Bus 3 Neuer Pferdemarkt | St. Pauli*

SOUPERIA **[148 A2]**

Jeden Tag dampfen hier genau sechs Suppentöpfe, die wohltuend würzigen Inhalte wechseln monatlich, und in der kalten Jahreszeit wird die Auswahl noch um zwei weitere ergänzt, damit auch jedem wieder richtig warm wird. Der Teller kostet ab 3,70 Euro, gegessen wird im Stehen, mit Ausblick auf die belebte Straße. Wer nachwürzen will, bedient sich im Regal. *Ruhetag So, Mo–Fr 11–20, Sa 12–17 Uhr | Bartelsstraße 21 | Tel. 43 09 95 55 | U- und S-Bahn Sternschanze | Schanzenviertel*

TEUFELS KÜCHE **[147 D3]**

Früher war die Teufels Küche ein Lokal, wo Hobbyköche abwechselnd am Herd standen. Mittlerweile hat Shahram Nia diesen Imbiss übernommen, der wohl der spannendste des Viertels ist (und mit seinen hübschen Mosaiksteinchen an den Wänden auch der schönste). Schafskäse-Ravioli gibt es hier, Merguez und Thainudeln. Ab 3,50 Euro schlemmen die buntgemischten Gäste an den wenigen Tischen. Sommers ist der Imbiss doppelt so groß, dann wird nämlich einfach der Bürgersteig vor der Fensterfront zur Terrasse. *Mo–Sa 11–23, So 11–22 Uhr | Ottensener Hauptstraße 47 | Tel. 39 80 49 77 | www.teufels-kueche.net | S-Bahn Altona | Ottensen*

KNEIPEN

DOWN UNDER ✕ **[148 C1]**

Bis ans andere Ende der Welt entführt uns das rustikale Pub-Restaurant Down Under. Bekannt ist es für seine Chicken Wings, die in zwanzig Variationen inklusive Beilagen serviert werden – von Aussie Style Wagga Wagga (sehr, sehr scharf) bis Berlin (mit Kartoffelsalat), in Portionen von S (4 Stück zu 3,70 Euro) bis XXL (30 Stück zu 14 Euro) zu haben. Nudelgerichte gibt's ab 4,80 Euro. Dabei gilt: Australier scheinen einen großen Magen zu haben, die Teller sind solide gefüllt. Enjoy! *Mo–Fr ab 17, Sa ab 18, So ab 15 Uhr | Grindelallee 1 | Tel. 45 70 17 | Bus 4, 5 Staatsbibliothek | Rotherbaum*

SCHACHCAFÉ RÜBENKAMP [136 A3]

Spielen könnten die Gäste im dunklen Bahnhofsgebäude von 1912 stundenlang, von Freitagmorgen bis Sonntagnacht sogar durchgehend, neben Schach sind auch etliche Gesellschaftsspiele vorhanden. Lieber noch aber labt sich fast jeder Besucher an den vorzüglichen Bratkartoffeln: Die sind deftig und knusprig und kosten mit drei Spiegeleiern 5 Euro. Zum gleichen Preis verlassen Tortellini mit Soße oder Sauerkrautauflauf die wuselige Küche, für 1,90 Euro kommen Gemüse, Rösti oder Kroketten extra auf die rustikalen Tische, dazu Staropramen-Bier vom Fass. Einfach klasse. *Mo–Mi 8–2, Do 8–4, Fr 8 Uhr bis Mo 2 Uhr durchgehend | Rübenkamp 227 | Tel. 6310431 | S1 Rübenkamp| Barmbek*

Insider Tipp

SCHWEINSKE [148 A4]

Von den Wänden blicken quietschrosa Air-Brush-Schweinchen, die mal Michael Jackson, mal Verona Feldbusch oder Winston Churchill ähnlich sehen. Das ist nicht jedermanns Ding, tut aber nichts zur Sache, sobald die Speisekarte aufgeschlagen wird. Die ist voller Argumente für diese Gastronomie-Kette: Backkartoffeln für 2,90, panierte Schnitzel mit Pommes und Salat für 6,50, XL-Versionen um 9, ein Weißbier zu 2,95 Euro. Flink und freundlich wird aufgetischt, in jeder Filiale gibt es Kindergerichte und auf der Reeperbahn, wo man es gar nicht vermutet, sind für kleine Gäste extra winzige Toiletten eingebaut. Das Schweinske Reeperbahn ist dabei nur eines von insgesamt 30 Restaurants dieser preiswerten Kette in Hamburg – wie gut. *Mo–Do 9–1, Fr 9 Uhr bis Mo 1 Uhr durchgehend, vor und an Feiertagen durchgehend geöffnet | Reeperbahn 157 | Tel. 33396770 | www.schweinske.de | S1, 3 Reeperbahn | St. Pauli*

TAVERNA OLYMPISCHES FEUER [148 A2]

Rumpelig rustikal ist die Taverne am Schulterblatt, und die Inhaber können sich für nichts richtig entscheiden: Die Karte ist sowohl griechisch als auch italienisch, an den Wänden kleben HSV- und Pauli-Plakate, und die Silvestergirlanden an der Decke hängen das ganze Jahr über. Schrabbelig ist das, und familiär. Und genau deswegen eine Institution, die seit Jahren mächtige Portionen zu guten Preisen anbietet. Diverse Pasta, Eintöpfe, sogar Leber mit Pommes und Salat sind für 5,50 Euro zu haben, für Menschen mit großem Appetit auf solide Deftigkeiten genau das richtige. Pizza verlässt schon ab 3,50 Euro den Holzofen. Manchmal kommt die Mannschaft des FC St. Pauli hierher, um zu feiern. Dann ist Diamantopoulos Konstantinos ganz stolz – das hat er sich aber auch verdient. *Tgl. ab 12 Uhr | Schulterblatt 36 | Tel. 43 55 97 | Bus 3 Neuer Pferdemarkt | St. Pauli*

MENSEN

PHILOSOPHENTURM [140 C5]

Wer es ein ein klein wenig gemütlich haben möchte, wählt die Mensa im Philosophenturm, der unübersehbar über den Campus ragt. Dort sitzen die Gäste hinter bunten Glasscheiben. Wer günstig satt werden möchte, sieht den Geübten an der Salatbar zu und macht es dann nach: Kleine Schüssel nehmen und auf einen größeren Teller stellen, Salatsoße hineingeben, Salat stapeln bis wirklich nichts mehr geht, bezahlen und dann am Tisch den Salatturm auf den Teller stürzen. Zudem gibt es noch eine Pasta- und Gemüsebar. Abwechslungsreiche Hauptgerichte kosten um 4 Euro. *Mensa Philosophenturm | Ruhetag So, Mo–Fr 8–19, Sa 8–14.30 Uhr | Von-Melle-Park 6, | www.studierendenwerk-hamburg.de | Bus 4/5 Staatsbibliothek | Rotherbaum*

STUDENTENHAUS [140 C5]

Seit Jahrzehnten schon hält sich hartnäckig der Spitzname dieser Lokalität: Schweine-Mensa. Dabei ist das Essen hier nicht schlechter als in den 12 anderen Verpflegungsstätten für Studenten. Und sie hat einen entscheidenden Vorteil: Hier ist immer ein Platz frei, denn sie ist die größte Mensa der Stadt. Nicht-Studierende zahlen einen Aufpreis von 1,10 Euro – und können sich so an Suppen für 2,20 wärmen oder zur Rinderroulade für 5,30 Euro greifen. *Mensa Studierendenhaus | Ruhetage Sa und So, Mo–Do 11–15, Fr 11–14.30 Uhr | Von-Melle-Park 2 | www.studierendenwerk-hamburg.de | Bus 4/5 Staatsbibliothek | Rotherbaum*

TU HARBURG [147 D4]

Auch auf der anderen Elbseite werden knurrende Mägen günstig gefüllt, Hauptgerichte kosten um 4 Euro. Im Speiseraum der Technischen Universität stehen die Tische eng beieinander. Ungestört lästern lässt es sich hier also nicht, aber zur Kontaktaufnahme ist die Sitzanordnung förderlich. Wer noch einen Tipp für eine gute Party am Abend oder eine besonders angesagte Bar braucht, fragt einfach in die Runde und erhält garantiert eine Antwort. *Mensa TU Harburg | Ruhetage Sa und So, Mo–Do 8–15, Fr 8–14.30, Cafeteria bis 18 Uhr | Denickestraße 22 | www.tu-harburg.de | S 3/31 Harburg Rathaus | Harburg*

RESTAURANTS

BUDE 1 [148 B2]

Eigentlich ist die Bude 1 nur der kleine Vorraum zum Feinschmecker-Restaurant Artisan, in dem Thorsten Gillert seinen Gästen beweist, dass auch mutige Kombinationen äußerst lecker sein können. Aber diese Bude zeigt wahre Größe: Die Sandwiches, Suppen und kleinen Gerichte, die hier mittags die Küche verlassen, sind mit 4 bis 6 Euro ebenso bodenständig kalkuliert wie exquisit zubereitet. Und wer drinnen keinen Platz findet, setzt sich bei gutem Wetter auf den Gehweg davor. *Ruhetage So und Mo, Di–Sa 12–14.30 Uhr | Kampstraße 27 | Tel. 42 10 29 15 | www.artisan-hamburg.com | U- und S-Bahn Sternschanze | Sternschanze*

CANTINA MILANO [147 D4]

Christian Rach gilt als einer der bekanntesten und besten Köche der Stadt. Sein Tafelhaus ist legendär, aber leider auch reichlich teuer. In seiner Cantina Milano hingegen kommen wochentags 4–6 Gerichte auf die blanken Tische, für die nie mehr als 6 Euro verlangt werden – nicht mal die butterzarte Rinderroulade mit Röstkartoffeln kostet mehr, und die ist zum Niederknien vorzüglich. Wer es gern mutiger mag, bestellt etwa Kirsch-Pfeffer-Suppe und zahlt gerade mal 3 Euro dafür. Und ein Mineralwasser passt mit 60 Cent auch noch top ins Budget. *Ruhetage Sa und So, Mo–Fr 12–14.30 Uhr | Neumühlen 17 | Tel. 89 08 52 74 | www.tafelhaus.de | Bus 112 Neumühlen | Altona*

CASINO KAMPNAGEL [141 F2]

Abends ist die Kantine des Kulturzentrums Kampnagel (für sein Tanztheater bekannt) ein ganz normales Restaurant, mittags werden hier prächtige Salate, exotisch gewürzte

Bild: gute Küche bodenständig kalkuliert – Bude 1

Ruhe

Fleisch- wie auch vegetarische Gerichte und selbstgebackene Kuchen zu Preisen zwischen 4 und 6,50 Euro angeboten – günstiger geht's bei dieser Qualität kaum. Und wer sich beim abschließenden Espresso etwas umschaut, sieht am Nebentisch schon mal einen Schauspieler sitzen, der sich just vom Proben erholt. *Ruhetag So, Mo 10–17, Di–Sa 10–1 Uhr | Jarrestraße 20 | Tel. 27 87 74 39 | www.kampnagel.de | U3 Saarlandstraße | Winterhude*

CENTO LIRE [130 A1]
Halb Trattoria, halb Eisdiele und davor eine meist vollbesetzte Terrasse mit Blick auf den neuen Karolinenplatz: Das Cento Lire ist eine wohlige Location im wuseligen, buntgemischten Karoviertel. Hier gibt's günstige Pasta und gute Pizza, um 5,50 Euro wird man solide satt. Hinterher sollten Sie einen Kaffee mit perfekter Crema trinken, und dann ist der Spaziergang durchs Viertel rund um die Marktstraße ein Muss – solch eine Vielfalt an coolen Designershops, Second-Hand-, Kitsch- und Kunstläden gibt es sonst nirgends in der Stadt. *Ruhetag So, Mo–Sa 12–15.30 u. 18–23 Uhr | Karolinenstraße 12 | Tel. 41 35 91 77 | U2 Messehallen | St. Pauli*

CIAO MAMMA [130 C5] Insider Tip
Die HafenCity wirkt ziemlich nobel und manch einer meint, hurtig das

CLEVER!

> Probieren auf dem Isemarkt

Hamburg hat unzählige Wochenmärkte, der schönste ist etwa einen Kilometer lang und wer drüberschlendert, wird auch bei Schietwetter nicht nass, weil er unter einem U-Bahn-Viadukt entlang führt. Das Beste am Isemarkt: Er ist eine grandiose Schlemmermeile. Wer sich traut, kann kostenlos satt werden – hier ein bisschen Käse probieren, dort etwas Wurst, da ein Bonbon, vom Eppendorfer Baum bis zur Hoheluftbrücke gibt's genügend Gelegenheiten zum Testessen. Entdecke die Möglichkeiten an mehr als 200 Verkaufsständen! *Isemarkt | Di u. Fr 8–13 Uhr | Isestraße | U3 Eppendorfer Baum/Hoheluftbrücke*

Viertel wechseln zu müssen, um günstig satt werden zu können. Das stimmt nur bedingt, zumindest seit es das Ciao Mamma gibt. Dieses italienische Restaurant serviert gute Pizza und Pasta ab 5,50 Euro, Urlauber wie Angestellte der umliegenden Büros lassen es sich mit Genuss schmecken. Wegen der günstigen Preise ist es meist rappelvoll, doch da viele Gäste nur ihre kurze Mittagspause haben, findet sich meist schnell ein freier Platz. *Mo–Fr 11.30–16, Sa und So 12–18 Uhr | Am Sandtorkai 40 | Tel. 32 51 37 64 | Bus 6 Auf dem Sande | HafenCity*

DIE SCHWÄBIN [147 D4]

Der Schwabe, so sagt man, sei geizig. Das gilt hier aber nur für die Preise. Was Karin Amos und ihr Team im schlichten Gastraum und an den kleinen Tischen draußen vor der Tür servieren, ist äußerst üppig bemessen: Egal ob Kässpätzle, Vesperteller oder Leberkäs, die Teller sind bis zum Rand voll. Gute Hausmannskost ist das, reichlich und lecker und die Tarife sind mit rund 7 Euro mehr als angemessen. Wer nur eine Grundlage für den mit viel Lokalpatriotismus ausgewählten württembergischen Wein sucht, bestellt eine Portion Brot mit Griebenschmalz und Luckeleskäs für 2,50 Euro. Preiswert und gut – na denn Prost! *Di–So 18–24 Uhr | Große Brunnenstraße 41 | Tel. 39 90 20 06 | www.dieschwaebin.de | Bus 1 Große Brunnenstraße | Ottensen*

GRILL OF ARABIA [148 A2]

Wer diese Falafel zu 3,20 Euro probiert hat, möchte künftig immer wieder welche vernaschen – weil sie so knusprig sind, mit Hummus und frischer Minze, Sesampaste und Gemüse. Wer's eilig hat, kann sie auch einfach mitnehmen, denn das Grill of Arabia ist eine Mischung aus Imbiss und Restaurant. Geruhsamer aber ist es, sich einfach hinzusetzen, Tee aus kleinen, goldumrandeten Gläsern zu trinken und gleich ein ganzes Mahl zu bestellen. Ab 5 Euro kosten die arabischen Köstlichkeiten, und zum Schluss sollte unbedingt noch Platz für ein Stückchen Gebäck sein, honigsüß und mit Pistazien – nicht Diät-tauglich, aber ein echt orientalisch-arabischer Abschluss. *Tgl. 12–24 Uhr | Schulterblatt 35 | Tel. 41 35 94 68, U-und S-Bahn Sternschanze | Sternschanze*

HATARI PFÄLZER STUBE [148 A2]

Allzu viel Pfälzer Folklore ist in dieser Stube nicht mehr zu finden, seit sie vom einen Ende des Schanzenviertels ans andere gezogen ist, aber ein guter Tipp ist sie noch immer. Sicher liegen Gulasch oder Flammkuchen zu 7 Euro oder die feinen Burger mit einer Riesenportion Pommes für manchen an der oberen Preisgrenze, sie sind dafür aber deftig und äußerst lecker. Die Einrichtung ist auf charmante Art altmodisch, die Gäste sind eher jung und drumherum liegt eines der besten Ausgehviertel der Stadt. Mit solch einer soliden Grundlage kann die Nacht auch gerne lang werden. *Mo–Sa ab 12, So ab 16 Uhr | Schanzenstraße 2-4 | Tel. 43 20 88 66 U-und S-Bahn Sternschanze | Sternschanze*

HOPI [140 B3]

Steakhäuser gibt es viele in Hamburg, aber keines ist so günstig wie das rustikale Lokal in der Nähe der Grindelhochhäuser. 8 Euro kosten 200 Gramm argentinisches Rindfleisch, die Beilagen sind im Preis inbegriffen – da wähnen sich Steak-Fans im Paradies. Wer's lieber vegetarisch mag, wählt den Pilzkopf, eine Grillkartoffel gefüllt mit Sour Cream und, na klar, Pilzen. Allerdings ist eine Reservierung dringend empfohlen, denn abends sitzt hier meist die versammelte Nachbarschaft und genießt, und später kommen noch die Besucher des nahen Programmkinos dazu. *Ruhetag Mo, Di–So 17–23 Uhr | Oberstraße 3 | Tel. 4 20 09 40 | www.hopi-hamburg.de | U 3 Hoheluft | Harvestehude*

LOKMA [148 A2]

Dieses türkische Restaurant ist meist gut besucht, was sonnenklar an der guten Qualität der preiswerten Leckerein liegt. Und daran, dass Döner-Liebhaber ihren reichlich gefüllten Dürüm zu 3,50 Euro hier nicht im Stehen verzehren müssen, sondern sich gemütlich hinsetzen und dazu einen mit Kardamom gewürzten Mokka trinken können. Mittags treffen sich im Lokma die Angestellten des Viertels bei einem dampfenden Teller Gemüseauflauf zu 6 Euro, an hellen Holztischen drinnen und sommers auf langen Bierbänken auch draußen genossen. *Tgl. 9–3 Uhr | Susannenstraße 16 | Tel. 43 22 52 7 | U- und S-Bahn Sternschanze | Sternschanze*

MAN WAH [148 A4]

Dieses chinesische Restaurant direkt an der Reeperbahn ist keine Touristenfalle, sondern eine Institution für Asiaten und Szenegänger. Die bestellen hier meist Dim Sum (bedeutet „das Herz berühren"), köstliche Kleinigkeiten, die zwischen 3 und 5 Euro kosten, gefüllte Teigbällchen etwa mit Gemüse, Meerestieren oder Fleisch. Oder sauer-würzig angemachten Salat und Sesamknödel mit Lotuspaste, die höllisch süß, dabei aber kein bisschen klebrig sind. Chinesen und Wagemutige freuen sich über gebrühte Hühnerfüße oder frittierte Froschschenkel. Überschätzen Sie Ihren Magen nicht: Diese kleinen Häppchen sind recht großzügig portioniert – so wird man preisgünstig satt. *Tgl. 12–3 Uhr | Spielbudenplatz 18 | Tel. 31 92 25 11 | S 1–3 Reeperbahn | St. Pauli*

MANGOLD [148 B3]

Das Mangold ist ein Tausendsassa: Frühstückslokal, Mittagspausen-Darling, Café, Restaurant und Bar. Das wissen die Anwohner zu schätzen. Besonders lieben sie den Blick aus den Fenstern, idyllisch wirkt das und obendrein ist es schön ruhig an diesem Ende der Straße. Die Kräuterpfannkuchen ab 6,60 Euro sind deftig, noch besser die Bratkartoffeln ab 2,80 Euro, die es eigentlich erst abends gibt. Wer aber besonders nett fragt, für den macht der Besitzer auch schon mal eine Ausnahme. Genau diese persönliche Atmosphäre macht das Mangold zu einem der nettesten Fleckchen im Karoviertel. *Tgl. ab 10 Uhr | Ölmühle 30 | Tel. 27 86 02 48 | U 3 Feldstraße | St. Pauli*

NOSTALGIA BEI SOTIRIS [147 D4]

Goldener Stuck an den Wänden, dazu ein Gorleben-Poster, ein paar Tische – fertig ist das gemütliche, kitschfreie griechische Restaurant. Zugegeben, viele kommen hierher, weil der Viertelliter Wein nur 2,90 Euro kostet und dabei auch noch richtig gut schmeckt. Besonders in Kombination mit Brot und feinem Olivenöl – eigentlich braucht es kaum mehr für einen gemütlichen Abend. Wer wirklich Hunger hat, ordert einen Fleischspieß zu 5,90 Euro und dazu Knoblauchkartoffeln für 1,90 Euro. Den Ouzo hinterher gibt's aufs Haus, ein kleines Dessert auch. Besser lässt sich die griechische Küche kaum genießen. *Mo–Do 17–24, Fr 12–24, Sa und So 13–24 Uhr | Eulenstraße 49 | Tel. 39 90 74 67 | Bus 1 Große Brunnenstraße | Ottensen*

OBERHAFENKANTINE [149 E5]
Keine Angst, das windschiefe Häuschen im Oberhafen kippt schon nicht um, cs trotzt Sturm und Flut seit mehr als 80 Jahren. Seit Thorsten Gillert die unter Denkmalschutz stehende Kaffeeklappe gepachtet hat, ist hier alles besonders lecker. Die Bratwurst wird gewürzt mit Majoran, die Bockwurst mit Muskat – und dann gibt es noch die Hamburger Variante

Kult-Gaststätte nahe der Elbe: Oberhafenkantine

der Weißwurst: mit Hering. Wem das zu experimentell ist, der greift zum Rundstück warm, Brötchen mit Rinderbraten. 3,50 bis 6,50 Euro sind für diese Leckerbissen sozial kalkuliert, und weil das selbstgebackene, gratis gereichte Brot so verführerisch ist, bleibt fürs Dessert wahrscheinlich kein Platz mehr. Eigentlich schade. *Ruhetage So und Mo, Di–Fr 12–21, Sa ab 15 Uhr | Stockmeyerstraße 39 | www.oberhafenkantine-hamburg.de | U 1 Messberg | HafenCity*

PHO DUC [149 F3]

Vietnam ist das kulinarische Frankreich Asiens: Filigran sind die Speisen, mit Bedacht gewürzt, am liebsten mit feinen Kräutern. In diesem vietnamesischen Restaurant in der Nähe des Hauptbahnhofs, *(U-Bahnstation Lohmühlenstraße)* haben sich die Inhaber auf Pho (Nudelsuppe) spezialisiert. Die wärmt und sättigt gleichermaßen, egal in welcher der vielen Varianten serviert wird, mit Fleisch, mit Gemüse, mit Meerestieren. Immer dabei: die Reisnudeln und ein Extrateller mit asiatischen Kräutern, frischen natürlich. Das billigste Gericht kostet um 5, das teuerste 8,50 Euro, damit lässt sich's gut leben. *Tgl. 11–22.30 Uhr | Steindamm 103 | Tel. 63 67 74 00 | U- und S-Bahn Hauptbahnhof | St. Georg*

SAPA [148 B1]

Zwischen Schlump und Sternschanze lockt ein guter Vietnamese, bestehend aus einem schlicht eingerichteten Raum, aromatischen Gerüchen und einer Speisekarte, für die man schon mal zwanzig Minuten Bedenkzeit einplanen kann. Insider Tipp Salat (z. B. mit Mango, Lotuswurzeln, Garnelen, Erdnüssen) zu 6 Euro, Reisbandnudelsuppe (keine Vorspeise, sondern macht pappsatt) zu 5 Euro, klingt alles fantastisch und schmeckt auch so. Mehr als ein Gericht zu bestellen grenzt an Völlerei, besser Platz lassen für ein Mango-Minz-Lassi zum Dessert. Nur die Weinauswahl ist dürftig. Kein Problem: Die Ausgehmeile Sternschanze ist fünf Minuten entfernt – ein schöner Verdauungsspaziergang. *Mo–Do 12–22, Fr und Sa 12–23, So 17–22 Uhr | Kleiner Schäferkamp 14 | Tel. 68 87 66 80 | U 2, 3 Schlump | Eimsbüttel*

THANG LONG [140 C5]

Vietnam muss irgendetwas mit Vitaminen zu tun haben, auf diesen Gedanken könnte man zumindest im Thang Long kommen. Herrlich fruchtige Salate mit Mango, Papaya und Minze sind gut gegen Hamburger Wetterblues. Was der flinke Service auf die hellen Tische stellt, ist bunt oder wärmt ordentlich auf, wie etwa der Ingwertee mit frischen Orangenstückchen oder die Sommerrollen mit Früchten, Gemüse, Garnelen, frischen Kräutern und Fleisch. Die meisten Gerichte kosten um 5 Euro, in Anbetracht der Qualität supergünstig. Und die Gäste gehen hier mit dem guten Gefühl, etwas Gesundes gegessen zu haben. *Mo–Do 11.30–22, Fr 11.30–23, Sa 12–23, So 17–22 Uhr | Grindelallee 91 | Tel. 68876621 | Bus 4, 5 Staatsbibliothek | Rotherbaum*

Insider Tipp

SELBSTBEDIENUNG

CHA CHA [131 D3]

Was, bitteschön, soll Positive Eating sein? Ignorieren Sie einfach die seltsame Überschrift der Speisekarte und blättern Sie schnell weiter. Denn was in diesem thailändischen Restaurant

CLEVER!

> Gutes in Betriebskantinen

Neben den schon erwähnten öffentlichen Locations wie der Oberhafenkantine und der Cantina Milano gibt es mittlerweile auch Betriebskantinen, die für alle zugänglich sind; die Preise liegen in der Regel zwischen 1,10 (Suppe) und 6 Euro (Fleisch- und Fischgerichte), geöffnet ist meist zwischen 12 und 14.30 Uhr. Am meisten gelobt wird die Kantine der Behörde für Stadtentwicklung und Umwelt *(Stadthausbrücke 8)*, vielleicht, weil man dort noch Paternoster fahren kann. Die schickste Location lockt im ersten Stock des Axel Springer Verlags, dafür ist sie allerdings auch etwas teurer *(www.paparazzi-restaurant-hamburg.de)*. Die Kantine der HHLA gilt als die schönste, weil sie in der Speicherstadt auf einem der historischen Speicherböden liegt (*Holländischer Brook 3/4, Block U*). In den meisten Kantinen wird für fremde Besucher oft ein Zuschlag fällig, der zwischen 36 Cent und 1,40 Euro liegt – damit sind die Betriebsrestaurants aber immer noch eine bezahlbare Alternative!

an langen, blanken Holztischen serviert wird, ist nicht nur vitaminreich, sondern auch super lecker. 5–9 Euro sind für die tollen Currys, Suppen und Salate ein sozialer Tarif, alles ist reichlich und schön bunt angerichtet mit viel frischem Gemüse und Früchten, Bio-Fleisch und duftendem Reis. Das ist die perfekte Stärkung nach einem langen Stadtbummel durch Shops und Museen – oder auch einfach nur mal so zwischendurch. *Tgl. 10–23 Uhr | Große Bleichen 16 | Tel. 822 28 70 80 | www.eat chacha.de | U- und S-Bahn Jungfernstieg | Neustadt*

KUMPIR [140 C5]

Klar, die Kartoffel ist ein äußerst vielseitiger Genuss. Man kann sie braten, frittieren, kochen und backen, kalt oder warm essen. So wie im Kumpir wird der leckere Erdapfel aber selten serviert: als große Backkartoffel aufgeschnitten, das Innere mit einem Klecks Crème fraîche oder gesalzener Butter und geriebenem Käse verrührt, oben drauf kommen je nach Wahl Gemüse, Fleisch, Soße, frische Kräuter oder alles zusammen. Im modern-schlichten Selbstbedienungslokal nahe der Uni ist sie keine schnöde Sättigungsbeilage, sondern die gelungene Hauptsache: nahrhaft, lecker und bei einem Grundpreis von 1,50 plus Extras mit maximal 4 Euro auch richtig schön günstig. *Tgl. 11.30–22 Uhr | Grindelhof 8 | Tel. 439 22 23 | Bus 4, 5 Grindelhof | Rotherbaum*

VAPIANO [130 C3]

Der Mailänder Architekt Matteo Thun hat sich in der Gastroszene der Stadt mehrfach verewigt. Im feinen Side Hotel etwa, in der Europa-Passage – und hier im Vapiano. Das ist ein Selbstbedienungsrestaurant, hektisch und ungemütlich ist es trotzdem nicht. Eigentlich macht es sogar Spaß, sich sein Essen am langen Tresen selbst auszusuchen, denn dann kann man dem flinken Personal zusehen, wie es frische Pasta, Salate und Pizza zubereitet. Die Preisgruppenaufteilung von A bis D erinnert ein bisschen an die Gruppen der Fußball-WM, ab 5,75 Euro darf mitgespielt werden. *Mo–Sa 11–24, So 12–24 Uhr | Hohe Bleichen 10 | Tel. 35 01 99 75 | U 2 Gänsemarkt | Neustadt | Weitere Filiale: Kurze Mühren 20 | Neustadt | Rothenbaumchaussee 76 | Rotherbaum*

BULLEREI [148 B2]

In Tim Mälzers neuem Restaurant Bullerei, zentral zwischen Messe und Schanzenviertel gelegen, lässt sich große Küche auch mit (relativ) kleinem Geldbeutel genießen. Wer die Kochkunst von Mälzer und Team erleben möchte, geht einfach mittags möglichst früh ins Bullerei-Deli, denn Reservierungen werden dort nicht angenommen. Dann darf in den historischen Hallen geschlemmt werden. Die meisten Gerichte kosten zwischen 6 und 14 Euro, Zanderfilet z. B. oder Salat mit Himbeervinaigrette namens Bullenfutter, danach eine Rote Grütze mit Grieß und Mascarpone zu 4,50 Euro. Die Karte wechselt, der Wein ist gut & günstig. *Tgl. 11–24, Mittagstisch Mo–Fr 12–15 Uhr | Lagerstraße 34 b | Tel. 33 44 21 10 | www.bullerei. com | U- und S-Bahn Sternschanze | Sternschanze*

FISCHEREIHAFEN [147 E4]

Empfangen werden die Gäste von einem Herrn in Livree, egal ob mittags oder abends. Und auch das Essen wird zum relativ günstigen Lunch unter silbernen Hauben stilvoll serviert. Zarter Steinbutt, Föhrer Miesmuscheln oder schottischer Lachs etwa, alles zur Lunchzeit um 8 Euro zu haben. Da wird der Ausblick auf den Fluss aus dem ältesten Restaurant der Elbmeile bezahlbar. Für drei Gänge inklusive Getränk werden so zwar immer noch etwa 20 Euro fällig, das ist aber nur ein Drittel des Abendpreises. *Tgl. 11.30–22, Mittagstisch tgl. 11.30–15 Uhr | Große Elbstraße 143 | Tel. 38 18 16 | www.fischereihafenrestaurant.de | Bus 112 Elbberg | Ottensen*

HENSSLER & HENSSLER [147 F4]

Vater und Sohn Henssler servieren im coolen Ambiente am Hafen ihre Cuisine Pacifique samt den besten Sushi jenseits von Nippon. Auch hier gilt: Mittags ist die feine Küche schon mal bezahlbar, so kitzeln z. B. Tempura von Black Tiger Garnelen zu 10,50 Euro, Filet vom Loup de mer als Tagesgericht für 19 Euro und als i-Tüpfelchen das Kokosparfait mit Passionsfrucht zu 8,50 Euro den Gaumen. Alles knackfrisch, alles superlecker, und am Nebentisch sitzt auch

LUXUS LOW BUDGET

schon mal ein Promi. *Mo–Sa 12–15 und 18–23.30 Uhr | Große Elbstraße 160 | Tel. 38 69 90 00 | www.hensslerhenssler.de | Bus 383 Van-der-Smissen-Straße | Altona*

REXRODT [149 F1]

Nostalgisch sind die Wandfliesen, schön antik wirkt die Einrichtung: Das Rexrodt ist eine elegante Location. Und mittags ist der Schick sogar bezahlbar, wenn es etwa Jungschweinebraten oder Victoriabarschfilet zu je 9 Euro gibt. Fürs Lunchmenü mit Vorspeise (Suppe, Salat oder Sülze) und Dessert (etwa Griesnockerln oder Honig-Zimt-Parfait) und einem Getränk werden 17 Euro verlangt – gut angelegt. *Mo–Fr 12–15, Mo-Sa 18.30– 23.30 Uhr | Papenhuder Straße 35 | Tel. 229 71 98 | www.restaurant-rexrodt.de | Bus 6 Mundsburger Brücke | Uhlenhorst*

Feine Küche, mittags bezahlbar: Henssler & Henssler

> Kleine preiswerte Geschäfte, günstige Designershops: Hier steht, wo Sie billig einkaufen können

Flanieren am Jungfernstieg, ein Bummel durch die Designershops in Winterhude und Eppendorf oder Stöbern in den urigen Antiquitäten- und Souvenirläden nahe bei den Landungsbrücken – keine Frage, Hamburg ist das Shopping-Highlight des Nordens. Da ist es natürlich klar, dass auch viele günstige Gelegenheiten auf den Reisenden (und den preisbewussten Hanseaten) warten. Rund 20 000 Unternehmen sind im Einzelhandel tätig, darunter viele Secondhand-Läden, kleine preiswerte Geschäfte, aber auch Ableger größerer Ketten, die mit günstigem Sortiment und Sonderangeboten locken. Dazu kommen typisch hanseatische Unternehmen wie die urige Flaschenschiff-Manufaktur „Buddel-Bini“ oder das kleinste Kaufhaus diesseits des Ozeans mit Discount-Tarifen. Und natürlich Hamburgs verlockende Märkte, allen voran der Fischmarkt direkt unten am Hafen – wer nicht einmal eine Samstagnacht auf dem Kiez durchgemacht und anschließend auf dem Fischmarkt seinen Kaffee (oder ein letztes Bier) getrunken hat, der hat Hamburg verpasst. Auf den folgenden Seiten nennen wir Shopping-Highlights sowie gute preisgünstige Spezialisten, die man alleine kaum findet.

SHOPPEN

ACCESSOIRES & MODE

HUMANA SECOND HAND [147 E3]

Schnell mal eine günstige Lederjacke gefällig? Dann nix wie hin: Der Hamburger Ableger der Secondhand-Kette „Humana" hat sich auf gute Kleidung und Haushaltswaren spezialisiert. Ein Fokus liegt dabei auf Mode aus den 1950er bis 80er-Jahren. Lederjacken ab 18, Handtaschen ab 2 oder fast neues Schuhwerk für 4 Euro, die Preise machen dem Namen des Ladens wirklich alle Ehre. Preisbewusste Hamburger oder Urlauber, die gleich für immer in der Hansestadt bleiben wollen, können hier zudem ihre komplette Inneneinrichtung zusammenstellen: Stuhl ab 5 Euro, Tisch ab 10 Euro, Couch ab 20 Euro. *Mo–Fr 10–19, Sa 10–16 Uhr | Große Bergstraße 166 | www.humana-second-hand.de | S-Bahn Altona | Altona*

N & H KLEIDERMARKT [147 F2]

Die Auswahl an Secondhand-Artikeln ist riesig: Strohhüte, Krawatten, Schuhe, Gürtel und ganze Container voller Handtaschen warten hier auf ihre Kunden. Das Personal ist freundlich und berät cool, die rockige Musik passt wunderbar zum rustikalen Holzkistenambiente. Qualität und Klasse der Ware sind sehr unterschiedlich, das Preis/Leistungsverhältnis stimmt aber fast immer. Die meisten Handtaschen z. B. sind schon ab 10, Gürtel für 4 Euro zu haben. Und während der Happy-Hour am Mittwoch gibt es noch einmal 30

Prozent Rabatt. Also nix wie hin. *Mo–Fr 11–19, Sa 11–18, Happy-Hour Mi 11–16 Uhr | Max-Brauer-Allee 174 | Tel. 43943 28 | www.kleidermarkt.de | S11, 21, 31 Holstenstraße | Altona*

RUDOLF BEAUFAYS **[130 C2]**

Soll's mal was Besonderes sein? Dann sind Sie hier richtig: very British, dieser Shop! Auf zwei Etagen wird hier klassische Mode von der Insel aus zweiter Hand angeboten. Auch wenn man schon einen ganz eigenen Geschmack haben muss, um sich für die Tweed und Karoklamotten zu erwärmen – Preise und Qualität können manch Zauderer überzeugen. Ob Cordsakkos für 25, Trenchcoats ab 50 oder Tweedsakkos ab 25 Euro, an guter und günstiger Ware mangelt es garantiert nicht. Warum also nicht mal original British? *Mo–Fr 12–18, Sa 11–16 Uhr | Büschstraße 7 | Tel. 35715977 | www.rudolf-beaufays.de | U2 Gänsemarkt | Neustadt*

VINTAGE & RAGS **[131 F3]**

Hier heißt es „love it or hate it", denn entweder man steht auf die knallbunten Outfits der späten 60er und 70er

CLEVER!

> DRK-Second-Hand-Shop

Wer sich wirklich günstig einkleiden will, ist hier richtig – und tut sogar noch was für eine gute Sache: In diesem jüngst eröffneten Laden des Deutschen Roten Kreuzes wird Kleidung nach Gewicht verkauft, ein Kilo kostet 12 Euro. Es gibt aber auch hochwertige Einzelstücke und Ein-Euro-Ware zu erwerben. Der Verkaufserlös kommt der Arbeit des DRK zu Gute. Für den schmalen Geldbeutel bietet sich also nicht nur die Möglichkeit, anständige Textilien für wenig Geld zu bekommen, man unterstützt zudem einen gemeinnützigen Träger. Dass die Qualität der Ware dabei unterschiedlich ausfallen kann, versteht sich von selbst – ein paar Schnäppchen sind aber immer dabei. Einfach genug Zeit mitbringen zum Stöbern. *Mo–Fr 10–18.30, Sa 10–16 Uhr | Neue Große Bergstraße 4-6 | www.lv-hamburg.drk.de | S-Bahn Altona | Altona*

oder eben nicht. Wer aber Freude an etwas abgedrehter Mode hat, der kann in diesem Geschäft glücklich werden. Ob Schmuck, diverse Artikel im Army-Style und Heilsarmeeuniformen ab 30 oder Puma Trainingsjacken für 20 Euro, es ist einfach unglaublich, was für Klamotten sich hier auftreiben lassen. Auch wenn bestimmt nicht alles alltagstauglich ist, für die nächste Motto-Party findet sich bestimmt was passendes. Und da alles Secondhand-Ware ist, wird der Einkauf garantiert nicht zu teuer ausfallen. *Mo–Fr 11–20, Sa 10–20 Uhr | Kurze Mühren 6 | Tel. 33 01 07 | www.vintage-rags.de | S-Bahn Hauptbahnhof | Altstadt*

KULINARIEN

BACK-FACTORY [147 E3]

Ob man nun ein Fan von Selbstbedienungsbäckereien ist oder nicht – eine Alternative zu den üblichen Schnellrestaurants sind Sie allemal. Und ihr Preisgefüge spricht eine überzeugende Sprache. Ein gutes Beispiel fürs gelungene Konzept ist der Shop in Ottensen (es gibt drei weitere in Hamburg): an der Qualität gibt's nichts auszusetzen, die Ware ist frisch, die Auswahl groß und das Personal des Ladens stets freundlich. Und: Brötchen ab 15 Cent und die Tasse Kaffee für einen Euro spielen preislich in einer ganz eigenen Liga – da sind die Sitzecken der Back-Factory beim typischen Hamburger Schmuddelwetter ein guter Platz für die kleine Pause. *Mo–Fr 6.30–20, Sa 7.30–20, So 9–14 Uhr | Ottenser Hauptstraße 11 | Tel. 28 80 27 01 | www.back-factory.de | S-Bahn Altona | Ottensen*

BIO-SUPERMARKT PETRA TJADENS [139 F4]

Sind Sie länger als Selbstversorger in Hamburg und wollen sich mal etwas besonders Gesundes gönnen? Obst und Gemüse sind hier so frisch, dass keiner extra zum Bauern aufs Land fahren muss. Der Laden ist geräumig und hat eine freundliche Atmosphäre, und preislich muss der Vergleich zum gewöhnlichen Supermarkt nicht gescheut werden – wo sonst gibt es schon die Flasche Bionade für 75 Cent? Neben Lebensmitteln werden auch Heilmittel aller Art verkauft und es gibt sogar eine recht gut sortierte Vinothek; dazu kommt ein ausgeklügeltes Pfandsystem. Also: Wer fürs Urlaubsapartment gesunde Kost zu günstigen Tarifen sucht, der ist hier genau richtig. *Mo–Fr 9–20, Sa 9–19 Uhr | Fruchtallee 136 | Tel. 43 09 43 40 | www.tjadens-biomarkt.de | U 2 Emilienstraße | Eimsbüttel*

EUROWEINKONTOR **[149 E3]**

Wer auf der Suche nach einem flüssigen Mitbringsel ist und dabei edlen Tropfen aus Europa den Vorzug gibt, dürfte hier fündig werden. Zumal einem die Entscheidung recht leicht gemacht wird: Insider Tipp Bei der öffentlichen, alle zwei Wochen stattfindenden Weinverköstigung ist jeder willkommen und darf sich durch eine Auswahl von 30 bis 40 verschiedenen Kreszenzen probieren – vollkommen gratis. Die genauen Termine finden Sie auf der Website, da können Sie auch gleich einen Blick in den gut sortierten Onlineshop riskieren. *Mo–Fr 11.30–20, Sa 10–16 Uhr | Danziger Straße 37-39 | Tel. 49 22 26 00 | www.euroweinkontor.de | U 1 Lohmühlenstraße | St. Georg*

Insider Tipp **GOLDBEKUFER WOCHENMARKT** **[141 E2]**

Wer auch im Urlaub zwischendurch gern mal knackiges Obst nascht, sollte sich hier umschauen: Viele Eigenerzeuger aus dem Alten Land sorgen für Qualität und Frische. Das Angebot reicht von Obst- und Gemüsespezialitäten über die Leckereien der Pastafrauen bis hin zu afrikanischer Volkskunst, vom Päckchen Ostfriesentee zu 2,50 bis zum Stück feiner Rosmarinseife für 3,90 Euro; preiswerter kann man ein schönes Mitbringsel kaum finden. Wie auf anderen Märkten gilt: Feilschen ist nicht nur erlaubt, sondern erwünscht – wer sich traut, kauft günstiger. *Di, Do und Sa von 8–13 Uhr | Goldbekufer | www.goldbekmarkt.de | U 3 Borgweg | Winterhude*

RINDCHEN'S WEINKONTOR **[140 B1]**

Dieses Weinkontor ist vor allem durch zwei Punkte für Sparfüchse interessant: Zum einen wegen der Gratisweinproben, eine gute Möglichkeit, mal verschiedenste edle Tropfen kostenlos zu probieren. Zum anderen wird hier der Beweis angetreten, dass gute Weine (Vasco Miguel Tinto, Mirante Rosé) sehr wohl unterhalb der 5-Euro-Grenze zu haben sind. Besonderer Tipp: Jeden dritten Donnerstag im Monat werden exklusiv auf der Internetseite Weine zu 2/3 des Originalpreises angeboten. Dort wartet auch eine Fundgrube, wo's Rest-

Bild: allerlei Gutes für wenig Geld – Wochenmarkt am Goldbekufer

BiO
Deutscher
Paprika
&
amburger
Muskat

posten noch günstiger gibt! *Mo–Fr 11–20, Sa 10–16 Uhr | Hofweg 62 | Tel. 22 66 09 91 | www.rindchen.de | U3 Mundsburg | Uhlenhorst und Mo–Fr 11–20, Sa 10-18 Uhr | Christoph-Probst-Weg 3 | Tel. 677 34 64 | U1 Hudtwalckerstraße | Eppendorf*

ST. PAULI FISCHMARKT [148 A4]

„Dat giwt nix wat op'n Fischmarkt nich to kriegen ist!" Die Traditions-Location unten am Hafen mit ihren Marktschreiern, dem bunten Angebot und der Fischauktionshalle gehört nach einer durchzechten Nacht auf der Reeperbahn zum Pflichtprogramm vieler Hamburgbesucher. Tipp: gegen halb zehn, kurz vor Marktschluss, werden viele Leckereien besonders günstig verschleudert. *Sonntags 5.30 bis 9.30 Uhr, im Winter (1.10.-31.3.) 7.00 bis 9.30 Uhr | St. Pauli Landungsbrücken | www.hamburg.de/fischmarkt | U3 Landungsbrücken | St. Pauli*

OUTLETS

MAGIC PRICE [140 C4]

Dieser Shop wirkt wirklich magisch auf Schnäppchenjäger: Wertige Mar-

Insider Tipp kenware wird hier für 30–70 Prozent unter Normalpreis verkauft. Die Modelle stammen zwar fast ausschließlich aus der Vorsaison, was die günstigen Tarife erklärt, sind dabei aber keinesfalls secondhand. Wer also auf Namen wie Blutgeschwister (Pullover für 45 statt 108 Euro), Puma (Segelschuhe für 40 statt 90 Euro), Capone, Asics, Pepaloves oder Khujo abfährt, wird bei diesen unwiderstehlichen Angeboten garantiert fündig. Wer schon mal eine kleine Vorauswahl treffen will, kann das im großen Online-Shop tun – der Service ist hier allerdings dermaßen freundlich, dass ein Besuch vor Ort in jedem Fall vorzuziehen ist. *Mo–Fr 10–19, Sa 10–16 Uhr | Grindelallee 158 | Tel. 43265189 | www.magic-price.com, | U2, 3 Schlump| Rotherbaum*

TRENDWORXX **[141 D1]**

Wer's etwas wertiger mag: In diesem gemütlichen kleinen Geschäft wird gute Markenware möglichst günstig an den Mann und die Frau gebracht. Der Outlet-Shop bietet bis zu 50 Prozent reduzierte Modelle an. So gibt es Super Dry T-Shirts bereits für 35 oder Scotch & Soda-Outfit schon zu 90 statt 150 Euro. Die optimale Lage direkt am Winterhuder Marktplatz mit einigen weiteren ausgezeichneten Low-Budget-Läden drumherum macht Trendworxx auch zu einem guten Ausgangspunkt für eine Shopping-Tour durch Winterhude, da lohnt der Abstecher aus der City auch für Kurzurlauber. *Mo–Fr 10–19, Sa 10–18 Uhr | Winterhuder Marktplatz 5 | U1 Hudtwalckerstraße | Winterhude*

SOUVENIRS

BUDDEL-BINI **[140 C1]**

Ein Mitbringsel aus Hamburg tut Not und wenn es dann ein Buddelschiff sein soll, leisten Sie sich die kleine Exkursion in den Lokstedter Weg. Dort residiert in völlig hafenfernem Ambiente das Familienunternehmen der Familie Binikowski, heute geführt von Melanie, 26 Jahre alte Halb-Philippina. Ihr Vater gründete das Geschäft 1976, lebt heute bei seiner Frau auf den Philippinen und überlässt das Buddelschiff-Zusammenbauen seiner sympathischen Tochter. Die Schiffe sind preiswert ab 4,50 Euro zu haben, von guter Qualität und dazu gibt es Infos zum Buddelschiffmuseum in Wedel an

Mark Pfennig
NATIONAL
NATIONAL

der Schiffsbegrüßungsanlage – unbedingt besuchenswert! *Mo–Fr 10–20 Uhr, Sa 10–14 Uhr | Lokstedter Weg 68 | Tel. 46 28 52 | www.buddel.de | Metrobus 22 Tarpenbekstraße | Eppendorf*

Insider Tipp

HAMBURGS KLEINSTES KAUFHAUS [147 D3]

Kaufhäuser haben es derzeit nicht leicht, der Trend geht eher zur coolen Shopping-Mall oder zum preisaggressiven Filialisten. Hamburgs kleinstes Kaufhaus bleibt davon völlig unberührt. Im kunterbunten Ottensen brummt es zufrieden vor sich hin, bietet in den fünf verwinkelten Räumen einer Altbauwohnung vornehmlich Dinge, wie man sie in den 1970er Jahren oder früher geliebt hat. Vom alten Tafelgeschirr über Silberbesteck, Likörgläschen, Lampen bis hin zu Textilien und Möbeln ist alles zu haben, das Preisspektrum liegt zwischen 50 Cent und 1200 Euro (letzteres für Eisenbahnsitze aus den 1930er Jahren), mit klarer Tendenz zum unteren Level. Der Chef und seine Lebensgefährtin bedienen selbst, das ganze ist billig und urgemütlich. Schön zum Stöbern und eine Fundgrube für Kuriositäten, gut als Mitbringsel für Daheim. *Mo–Fr 10–18.30, Sa 10–14 Uhr | Bahrenfelder Straße 207 | Tel. 390 34 85 | S 1, 3 Altona | Ottensen*

SPASS & SPORT

ANDERS HÖREN [141 D1]

Günstigen Musikgenuss verspricht dieser Shop: LPs und CDs aus vielen Bereichen, dazu Hörbücher und Hamburgs größte Auswahl an neuen und klassischen Hörspielkassetten – im Angebot von „anders hören" ist garantiert für jeden Geschmack was dabei. Diverse LPs sind ab 4, „REM Best of Limited" für 15 Euro zu haben, neben DVDs gibt's auch noch Taschenbücher und Comics für wenig Geld. Da der Laden viel von Privatleuten ankauft und regelmäßig neue Scheiben aus dem Ausland importiert, lassen sich hier echt günstige Raritäten ergattern! *Mo–Fr 10–21, Sa 9–18 Uhr | Hudtwalckerstraße 26 | Tel. 41 62 58 95 | www.anders-hoeren.com | U 1 Hudtwalckerstraße | Winterhude*

SPIELELAND HAMBURG [130 C1]

Hamburgs ältester und größter Laden für Spielekultur. Wer sich für Phantastisches im Allgemeinen und Live-

Bild: schöne Sachen aus alten Tagen – Hamburgs kleinstes Kaufhaus

Rollenspiel im Besonderen begeistert, kommt an diesem Geschäft nicht vorbei. Die gute Nachricht: Bei ungewöhnlichen oder seltenen Spielen macht der Besitzer auch schon mal einen Sonderpreis (für Freunde des Rollenspiels: Warhammer Schädeltempel für 22,50 Euro) bzw. trennt sich von einem schwer verkäuflichen Ausstellungsstück. Noch ein Tipp: Insider Tipp Die kostenlosen Workshops, bei denen Tabletop-Figuren unter fachkundiger Leitung bemalt werden – eine klasse Idee für verregnete Urlaubstage. *Mo–Fr 11–20, Sa 10–20 Uhr | Dammtorstraße 12 | Tel. 35713997 | www.spieleland-hamburg.org | U1 Stephansplatz | Neustadt*

SPORT TAUSCH [140 C1]

Hier können Sie nicht nur günstig einkaufen, sondern eventuell sogar Geld verdienen: Wenn Sie Ihre Roller Skates nach dem Urlaub nicht wieder mit nach Hause schleppen wollen, sind die bei Sport Tausch prima untergebracht – gut erhaltene gebrauchte Sportartikel werden auf Kommission oder gleich gegen Bares angenommen. Außerdem lohnt in jedem Fall ein Blick aufs reichhaltige Sortiment des Ladens. Die Qualität ist meist gut, die Preise sind in der Regel moderat: So sind z. B. tolle Nordic Walking Stöcke schon ab 29 Euro zu haben. *März–Okt.: Di–Fr 10–18.30, Sa 10–13 Uhr, Nov.–Feb.: Di–Fr 10–19, Sa 10–15 Uhr, Mo geschlossen | Eppendorfer Marktplatz 15 | Tel. 488837 | www.sporttausch.com | U1 Hudtwalckerstraße | Eppendorf*

ST PAULI CYCLES [148 A4]

Wer sein Bike dabei hat oder gar per Fahrrad unterwegs ist, findet in diesem Laden einen Top-Service. Eine Durchsicht, bei der potenzielle Mängel festgestellt werden, ist kostenlos – dann wissen Sie, ob Ihr Drahtesel auch wirklich noch fit genug ist für die Weiterfahrt. Wer auf Nummer sicher gehen will, kann das Komplett-Inspektionsangebot für 30 Euro nutzen, das eine Kontrolle von Lichtanlage, Schaltung, Bremsen und Lagern beinhalten. Die Preise sind fair, auch kann der alte Drahtesel in Zahlung gegeben werden, die Fahrrad-Umweltprämie wird dann bei einem Neukauf gutgeschrieben. *Mo–Fr 11–19, Sa 11–16 Uhr | Detlev-Bremer-Straße 37 | Tel. 72964385 | U3 St. Pauli | St. Pauli*

SECONDELLA®

1970 - 2010

40 Jahre Low Budget Luxus Second Hand

Im historischem ABC-VIERTEL mit seinen exclusiven Lifestyle- und Designerläden bietet **SECONDELLA** auf über 450qm in 2 Geschäften Edles von Chanel bis Hermès, Must-Haves von Bottega Veneta, Jimmy Choo, Prada, Jil Sander, Rena Lange und Trendlabel wie Matthew Williamson und Marni an. Ob Damen-, Herren- oder Kindermode, Schuhe, Accessoires oder Designertaschen, nahezu jeder Traum von edlen und schönen Dingen kann hier zu moderaten Preisen in Erfüllung gehen. Das umfangreiche Sortiment an luxuriöser Second Hand Mode wird regelmäßig durch aktuelle Second Season Highlights aus Italien ergänzt.

2010 feiert dieses Erfolgskonzept seinen 40. Geburtstag. Die einzigartige Mischung aus aktuellen Trends entsteht durch die Vielfalt an Designerschätzen, die private Lieferanten aus der ganzen Welt bringen und schicken. Im **SECONDELLA DEPOT** sind die sportlicheren und jüngeren Designerlabel wie Paul Smith, Diesel, Schumacher, Closed, See by Chloé und Velvet zu sehr günstigen Preisen vertreten. Einen zusätzlichen Sonderverkauf gibt es seit 2009 im 1. Stock.

SECONDELLA® 1970 - 2010 **SECONDELLA® DEPOT**

SECOND HAND SECOND SEASON MEN WOMEN KIDS

ABC VIERTEL HAMBURG Hohe Bleichen 5 20354 HH 040-35 29 31 www.secondella.de

CLASSICO **[141 D1]**

Eher unauffällig liegt das modebewusste Geschäft in der Hudtwalckerstraße. Aber so klein und versteckt es auch ist, für viele Winterhuder (und nicht nur die) zählt ein Besuch des Ladens längst zur lieb gewonnenen Pflicht – so gute Chancen, qualitativ hochwertige Ware günstig zu kaufen, mag eben niemand gern ungenutzt lassen. Ein Besuch bei Classico lohnt vor allem dann, wenn es um Modelle von Edelmarken geht. 50–70 Prozent Ersparnis bei Produkten etwa von Bloom sind nicht zu verachten, Pullis für 60 statt 120 oder ASH Sneakers für 70 statt 160 Euro lohnen schon mal den Weg nach Winterhude – auch für Hamburg-Kurzurlauber! *Mo–Fr 10.30–19, Samstag 10–16 Uhr | Hudtwalckerstraße 29 | Tel. 41 35 77 05 | U 1 Hudtwalckerstraße | Winterhude*

D'OR **[140 C3]**

Einer der schönsten und bestbestückten Nobel-Secondhand-Läden Hamburgs liegt mitten in Eppendorf: Hier sind all die teuren Stücke zu finden, die von ihren Vorbesitzerinnen nur ein oder zweimal getragen wurden, etwa Prada-Blusen um 90 oder Prada-Taschen ab 290 Euro. Von Wunderkind über Jil Sander bis Marni, von Dolce & Gabbana über Chloé bis Diana von Fürstenberg – so gut wie keiner der großen Designer fehlt im Angebot. Das Tolle: Die meisten Stücke sind nicht älter als eine Saison, manche sogar aus aktuellen Kollektionen. Zudem ist das Personal sehr nett und berät bei Milchkaffee und Keksen wirklich gut. *Mo–Fr 10–19, Sa 10–18 Uhr | Eppendorfer Baum 6 | Tel. 46 88 19 63 | U 1 Klosterstern | Eppendorf*

OLIVER GREY **[141 D1]**

Ob Gordon & Bros, Jac Tissot, Prime Shoes oder pierre cardin, die rahmengenähten Schuhe namhafter Hersteller werden hier um bis zu 70 Prozent unterm üblichen Ladenpreis offeriert. Die Tarife bewegen sich überwiegend im Bereich von 80 bis 150 Euro, die Beratung durch die kompetenten Verkäufer ist ausgezeichnet. Selbstbedienung. *Mo–Sa 11–18 Uhr | Hudtwalckerstraße 24 | Tel. 0176/29 28 70 93 | www.olivergrey.de | U 1 Hudtwalckerstraße | Winterhude*

LUXUS LOW BUDGET

SECONDELLA **[131 D3]**
Dieser 1970 gegründete Secondhand-Laden liegt mitten im ABC-Viertel, einer erstklassigen Adresse für exklusive Shoppingtouren. Er gehörte zu den ersten seiner Art in Hamburg und ist noch immer absolute Spitze, wenn es um edle Designerklamotten und hochwertige Accessoires aus zweiter Hand geht. Ob Krokodillederhandtaschen von Gucci oder Armani-Anzüge, es macht einfach Spaß, einen Blick auf die Auslagen zu werfen. Und wenn beim Stöbern auf der Website ein Stück besonders gut gefällt, kann es gleich per Mail reserviert werden, zum Beispiel coole Jimmy Choo Stiefel zu 185 oder verspielte Sandaletten mit Perlenapplikation von Giuseppe Zanotti für 265 Euro. *Mo–Fr 10–19, Sa 10–18 Uhr | Hohe Bleichen 5 | Tel. 352931 | www.secondella.de | S/U-Bahn Jungfernstieg | Neustadt*

Insider Tipp

Schickes Outfit aus zweiter Hand: Secondella

> Das Nachtleben beginnt im Sommer gerne schon mittags – für lau. Später wird's dafür um so heißer

Für ganz Hamburg gilt: Im Sommer findet das (Nacht-)Leben, besser gesagt das Freizeitleben, gerne gut und günstig auf offener Straße statt, und zwar wenn möglich schon ab der sonnigen Mittagszeit. Hanseaten lieben eben Sonne und Wärme, der Herbst und Winter sind im Norden der Republik lang genug. Die Spazierwege an Elbe und Alster sind voll, Kneipen stellen ihre Stühle auf den Gehsteig und der Kioskhandel blüht. Vor allem in Ottensen und im Schanzenviertel gehört es dazu, abends auf den Plätzen zu sitzen und Bier aus dem Tabakladen zu trinken – das ist cool und kommt billig. Zwischen 18 und 21 Uhr locken viele Bars in den Szenestadtteilen mit tollen Preisen zur Happy Hour. Später geht's dann richtig heiß her, was nicht immer teuer bedeuten muss – selbst auf der Reeperbahn kann man kostengünstig Spaß haben. Klare Regeln in Sachen dicke Raucherluft herrschen seit Anfang 2010: Essen oder rauchen lautet das Motto. Kleinere Kneipen und Bars, die ausschließlich Drinks anbieten, dürfen Aschenbecher aufstellen. In größeren Etablissements müssen Raucher ins Extrazimmer oder sie sagen sich auf gut hamburgisch: Lasst uns lieber draußen eine schmöken gehen.

NACHT LEBEN

BARS & CAFÉS

CAFÉBAR WIEN [131 E2]

Romantischer geht es nimmer: Ein ausgedienter Alsterdampfer hat am Ufer der Binnenalster fest gemacht. Die Cafébar Wien liegt am Ballindamm vor Anker und ist ein Ruhepol in der Stadt, die Karte bietet 20 Cafévariationen. Am Schönsten sind die Sonnenuntergänge, wenn das Schiff sanft schaukelt und Kellner die Drinks servieren, ohne je einen Tropfen zu vergießen. Spar-Tipp nicht nur für Liebespaare: Zur Happy Hour mixt der Barkeeper Cocktails für 6,50 Euro und beim Aperitivo-Buffet (Mo–Fr von 18–21 Uhr) können die Gäste dazu gratis Antipasti naschen. *Mo–Fr ab 11, Sa und So ab 10, Happy Hour Mo–Fr 19–21.30 Uhr | Ballindamm | Tel. 33 63 42 | www.cafebarwien.de | S-/U-Bahn Jungfernstieg | Altstadt*

CHRISTIANSENS [148 A4]

Hanseatisches Understatement at it's best: Diese Cocktailbar zählt zu den Top-Locations in Hamburg und es würde nicht verwundern, säße Humphrey Bogart persönlich am Tresen. Auf den Regalen stehen 200 Sorten Whisky und 180 Sorten Rum, das Licht ist sanft, die Barmusik entspannt. Warum Christiansens in dieser Sammlung steht? Drinks zum Happy Hour-Preis gibt's leider nicht, dafür aber einen Gratis-Service: Ab 21 Uhr bekommen Sie zum Cocktail (ab 8 Euro) umsonst eine 15-minütige Relaxmassage – das kann man

Insider Tipp

sich zum Start in eine lange Kiez-Nacht gern schon mal gönnen! *Mo–Sa ab 20 Uhr | Pinnasberg 60 | Tel. 31 72 8 63 | www.christiansens.de | S 1–3 Reeperbahn | Altona*

GLANZ & GLORIA [148 A4]

Kronleuchter, rote Samtvorhänge und stuckgeschmückte Decke – die Bar des Schmidts Tivoli ist ganz einfach stilvoll und kann trotzdem auch günstig sein. Donnerstags ab 21 Uhr z. B. wird die Location zum souligen Tanztempel beim Swing-Kiez, dann kann jedermann am Tresen das Tanzbein schwingen – der Eintritt ist frei. Wer sich gepflegt aufs Wochenende vorbereiten möchte, schlürft bei der Blue Hour mittwochs von 21.30–24 Uhr Cocktails zum halben Preis, leckeren Caipi gibt's dann bereits für 4,50 Euro. Toll: Das sind beinahe schon Vorort-Preise. *Mi–So ab 18 Uhr | Spielbudenplatz 28 | Tel. 31 77 88 10 | S 1–3 Reeperbahn | St. Pauli*

Insider Tipp

KYTI VOO [149 E2]

Vom zwielichtigen Bezirk am Hauptbahnhof zum angesagten Mode-

Preisgünstige Konzerte, Jamsession gratis: Stage Club

Stadtteil – St. Georg hat den erstaunlichsten Imagewandel aller Hamburger Quartiere vollzogen, nicht zuletzt wegen der Gayszene, die hier dominiert. Entsprechend niveauvoll sind die Preise in den Bars und Cafés rund um die Flaniermeile Lange Reihe. Wer zu bezahlbaren Kursen mitten drin sein möchte, wählt etwa einen Platz im kosmopolitischen Kyti Voo, hier trifft sich halb St. Georg. Zur Happy Hour von 18–22 Uhr gibt es Cocktails zu 5,50 Euro und die Terrasse fungiert als Laufsteg. Sehen und Gesehen-Werden lautet das Motto. Wer keinen Platz mehr ergattert, weicht aus: Gleich nebenan serviert das simplere Grüneberg das Pils zu 2,60 Euro und ist dabei urgemütlich. *Mo–Fr ab 9, Sa und So ab 10 Uhr | Lange Reihe 82 | Tel. 28 05 55 65 | www.kytivoo.de | alle U-/S-Bahnen Hauptbahnhof | St. Georg*

CLUBS & DISKOS

STAGE CLUB [147 F2]

Soul, Jazz und Funk: Die Live-Konzerte im Stage Club haben Kultpotenzial. Die Location liegt etwas abseits in der Neuen Flora am Bahnhof Holstenstraße. Dafur sind die Eintrittspreise zivil (Konzerte meist um 7–12 Euro), die Jamsessions am Dienstag sind sogar for free – und bei der Swinging Ballroom-Party jeden letzten Freitag im Monat können Tanzlustige einen kostenlosen Swing-Crash-Kurs mitmachen. Da lohnt auf jeden Fall die Fahrt nach Altona. *Eintritt Di oft frei | Di–So ab 18, Swinging Ballroom ab 21, Tanzkurs ab 20.30 Uhr | Stresemannstraße 163 | Tel. 43 16 54 60 | www.stage-club.net | S 11, 21, 31 Holstenstraße | Altona*

THE CHINA LOUNGE [148 A4]

Ein Tanztempel mit hohem Spaßfaktor und günstigen Konditionen: Beim China Bang jeden Freitag wirbeln unglaublich sexy Tänzer in den drei Stockwerken der Disco und animieren auf Kiez-Art. Spartipp: Ladies, die sich auf der Guest List eintragen *(www.china-bang.de)*, zahlen keinen Eintritt, Herren erhalten 50 Prozent Discount! Wer das verpasst, muss 8 Euro berappen. Tipp: Je schräger das Outfit, desto eher kommt man an den Türstehern vorbei. *Do Studenten frei | Di, Fr, Sa ab 23, Do ab 22 Uhr | Nobistor 14 | Tel. 31 97 66 22 | www.china-lounge.de | S 1–3 Reeperbahn | St. Pauli*

KNEIPEN

DER CLOCHARD [148 B4]

Der Clochard gehört zu den derberen Kiezkneipen. Nicht hip ist es hier, sondern dunkel und rau – und wunderbar preiswert. Die Hamburger Autorin Tina Uebel wohnte viele Jahre im 4. Stock über dem Clochard und hat ihre Eindrücke in einer Kurzgeschichte beschrieben, Fazit: Charles Bukowski muss der Schutzpatron dieser Pinte sein. Bier (ab 1,70 Euro) und Spirituosen (Saurer 1,10 Euro) sind so billig, dass es sich viele Stunden sitzen lässt, sofern weder rauchgeschwängerte Luft, Rührseliges aus der Musikbox noch seltsame Gäste verstören. Schmalzbrote gibt es umsonst und der Clochard-Balkon mit Blick über die Reeperbahn ist wie der Schankraum 24 Std. geöffnet. Manche Morgendämmerung wurde schon von dort oben begrüßt. *Tgl. 0–24 Uhr | Reeperbahn 29 | Tel. 3196230 | www.derclochard.de | S1–3 Reeperbahn | St. Pauli*

FAMILIENECK [147 D3]

Tagsüber dominiert im ehemaligen Arbeiterstadtteil Ottensen die Cafékultur, am Abend bietet das Viertel charmantes Kneipenleben. Fans von Regisseur Fatih Akin können rund um den Alma-Wartenberg-Platz die Originalschauplätze von Akin-Filmen entdecken, den türkischen Imbiss etwa oder die Kneipe Familieneck, wo Hobby-DJ Akin mitunter selbst Platten auflegt. Je nach Wochentag spielen DJs Soul, Funk oder Weltmusik. Für Frühkommer gibt's coole Angebote: Ob Caipi für 4 oder Weine für 3 Euro, zur Happy Hour (So–Do 18–23 Uhr) lässt sich das Team jeden Monat etwas Neues einfallen. *Tgl. ab 18 Uhr | Friedensallee 2 | Tel. 3907497 | Bus 2 Friedensallee | Ottensen*

FREUNDLICH UND KOMPETENT [141 F3]

Die kreative Kneipe in Winterhude hat den kleinsten Beach-Club der Stadt aufgeschüttet, bot die ersten Bademäntel fürs Draußenrauchen an und ist auch weiterhin für überraschende Ideen zu haben. Die Chefs stemmen fast jeden Abend ein Event, seien es Live-Konzerte, Songwriter- oder Jamsessions (meist ab 20 Uhr). Eintritt verlangen sie nie, stattdessen schenken sie gut gelaunt Getränke aus, die Flasche Astra etwa zu 2 und den Hausschnaps Elbkick zu 1 Euro. Gute Gründe also für einen Besuch.

Insider Tipp

Mo–Sa ab 16, So ab 14 Uhr | Gertigstraße 57 | Tel. 37413162 | www.freundlichundkompetent.de | U3 Borgweg | Winterhude

HAFENBAHNHOF **[147 D4]**

Wacker steht der Hafenbahnhof an der Perlenkette, dem zweiten betongewordenen Prestigeprojekt Hamburgs neben der HafenCity. In Nachbarschaft von Sushi-Bars und Nobelclubs wächst das urige, mittlerweile denkmalgeschützte Bahnwärterhäuschen zur kreativen In-Location heran. Die Kneipe bietet neben dem Schankgeschäft (mit zivilen Preisen, das Pils kostet 1,90 Euro) viel Kultur. Bei den Partys mit 80er-Jahre-Musik kommt Zuhause-Feten-Stimmung auf, die kleinen Livekonzerte sind oft jazzbetont, der Eintritt ist günstig (ca. 4 Euro) – oder bisweilen auch ganz frei. *Eintritt 0–4 Euro | Mo ab 20.30, Di–Sa ab 18 (Programm beachten!), So ab 12 Uhr | Große Elbstraße 276 | www.hafenbahnhof.com | Bus 112, 383 Neumühler Kirchenweg | Altona*

SHAMROCK IRISH BAR **[148 B3]**

Ein gutes und kostengünstiges Rezept gegen Einsamkeitsanfälle im Hotelzimmer ist der Gang ins Shamrock. Die Kneipe gehört zum Hamburger Nachtleben wie der Dom gegenüber. Bei Tageslicht schaut es etwas oll aus, die Holzdielen mussten schon einige umgeschüttete Pints (0,4-Lager-Bier 3,50 Euro) aufsaugen. Doch die Atmosphäre ist gesellig, beim Pub-Quiz (Donnerstag, außer es spielt der HSV gegen Chelsea) rätselt die ganze Kneipe kostenlos mit – auf Englisch; wer allein am Tresen sitzt, kann sich einer Rätselgruppe anschließen. An den übrigen Tagen wird dem Fußball und Boxen via TV gefrönt oder Dart gespielt. *50-Cent-Spende optional | Di–Do ab 18 (Quiz ab 21 Uhr) , Fr ab 17, Sa und So ab 12.30 Uhr | Feldstraße 40 | Tel. 43277275 | U3 Feldstraße | St. Pauli*

LIVEMUSIK

MOBILE BLUES CLUB **[148 A2]**

Hier zahlt jeder nur so viel, wie er kann: Der Mobile Blues Club ist ein Bauwagen mit provisorischem Platz an der Grenze des Schanzenviertels und einem großen Herz. Während der warmen Tage einer der gemütlichsten Orte im Viertel, ist im Winter die Tropfnase vorprogrammiert, dann muss ein Elektroofen den Wagen einheizen. Unten wird's warm, während klamme Hände die Getränke halten. Macht nichts, die Konzerte, Lesungen und sonstige Kleinkunst sind stets erwärmend gut. Das Bier ist billig (2 Euro) und der Eintritt „geht auf Hut" – die Gäste zahlen ihren Obolus je nach Geldbeutel. *Eintritt nach eigenem Ermessen | Mi–Sa ab 21, Konzerte ca. 21.30 Uhr | www.mobile-blues-club.de | Bus 15 Schulterblatt | Schanzenviertel*

GRÜNSPAN **[148 A3]**

Für alle, deren Eltern einst einer Jazzband angehörten und die in ihrer Kindheit eine Allergie dagegen entwickelt haben: Das Grünspan am Ausläufer der Großen Freiheit ist eine (fast) jazzfreie Zone. Stattdessen finden psychedelische, bluesige und natürlich Rockkonzerte zu total sozialen Tarifen statt – wo sonst bekommt man in den großen Musikclubs an der Reeperbahn ein Konzertticket für unter 20 Euro? Bier und Longdrinks gibt's reichlich, gut und günstig und die Clubpartys (Eintritt 6 Euro) dauern oft bis zum Morgen. *Geöffnet nach Programm, Konzerte ab 19, Clubs ab 23 Uhr | Große Freiheit 58 | www.gruenspan.de | S1–3 Reeperbahn | St. Pauli*

LIVE MUSIC CLUB **[140 A5]**

Abseits vom Mainstream und garantiert handgemacht – im Live Music Club treten Bands, Singer-Songwriter oder Waschbrett-Solisten live auf. Der Club liegt etwas abseits vom szenigen Schanzenviertel an der Fruchtallee, gilt aber als eine der besten Live-Adressen der Stadt. Die Atmosphäre ist relaxt, vielleicht, weil der Altersdurchschnitt erfrischend gemischt ist (von 18–80 Jahren). Es gibt Frischgezapftes am Tresen und der Eintritt kostet selten mehr als 5 Euro, jeden ersten Dienstag bzw. Freitag im Monat ist er zur Bluegrass- und Jazz-Session sogar frei. Bei guter Stimmung greifen talentierte Gäste mitunter selbst in die Tasten. *Eintritt zeitweise frei | Mo–Sa ab 18 Uhr | Fruchtallee 36 | www.music-club-live.de | U2 Christuskirche | Eimsbüttel*

Insider Tip

OPEN AIR

ALTONAER BALKON **[147 E4]**

Der kostengünstige Insidertipp für laue Sommerabende heißt Altonaer Balkon samt seiner Wiesen drum herum. Dort trifft sich im Sommer halb Altona zum grillen, chillen und Boule spielen. Die Atmosphäre ist entspannt, zum Sonnenuntergang werden die Plätze rar. Man bringt Getränke (und Gitarren) mit, lässt sich auf Decken nieder und genießt Hamburg von seiner ganz gelassenen Seite. *Freier Zugang | Palmaille/ Ecke Max-Brauer-Allee | S 1–3 Königstraße | Altona*

BIERGARTEN ZUM ANLEGER [152 C3]
Die Wilhelmsburger Idylle: Grün, romantisch und preiswert ist es im Biergarten mit Bootsverleih am Ernst-August-Kanal. Der Wasserweg war einst Ausflugsziel der Hamburger Barkassentouren, heute blühen Orchideen am verwunschenen Ufer. Doch Williburg, wie der Stadtteil von seinen Fans genannt wird, erwacht zum Leben und der Anleger bietet beste Bedingungen, das Viertel zu entdecken. Mit einem Latte (2,50 Euro) oder einem Glas Rotwein (4 Euro) lässt es sich hier außerdem ganz wunderbar unter Bäumen relaxen. *Mo–Sa ab 11.30, So ab 9 Uhr, Saison von April–3. Okt., sonst kürzere Öffnungszeiten | Vogelhüttendeich 123 | Tel. 86 68 77 81 | www.zum-anleger.de | Bus 13 Vogelhüttendeich | Wilhelmsburg*

ELBPANORAMA FÜR INDIVIDUALISTEN [148 B4]
Erfinderische Touristen verlegen zur Einstimmung ihr nächtliches Hafenerlebnis auf die andere Flussseite. Das geht so: Mit Getränken und Brotzeit im Rucksack durch den Alten Elbtunnel laufen (24 Std. geöffnet, für Fußgänger frei, hin- und zurück knapp 1 km), am Ausgang Steinwerder links ums Gebäude herumgehen und dort, wunderschön und kostenlos, breitet sich schon Hamburgs Silhouette aus. Bänke stehen bereit fürs romantische Picknick. *Eingang Altona | Bei den St. Pauli Landungsbrücken 7 | U 3, S 1–3 Landungsbrücken | St. Pauli*

MUSIK IM STADTPARK [142 A1]
Egal ob Santana, Anastacia oder Ina Müller – auf der romantischen Freilichtbühne im Hamburger Stadtpark spielen hochkarätige Bands ebenso wie Stars und Sternchen. Wer kein Ticket mehr bekommen hat oder sparen möchte (die Eintrittspreise liegen je nach Prominenz der Gigs zwischen 25 und 60 Euro), packt sich

CABARET

mit einer Decke auf die benachbarte Wiese und lauscht dem Sound von der Bühne. Mitunter erleben Gäste dort echtes Festivalfeeling, Hamburger Jungfamilien kommen mit Kind und Kegel. *Park-Eintritt frei | Saarlandstraße 99 | www.open-r.de | S1 Alte Wöhr, U3 Saarlandstraße | Barmbek*

PARTYS & SHOW

QUEEN CALAVERA [148 A4]

Hier gibt's Erotik light, aber mit viel Spaß und knisternder Atmosphäre bei günstigem Eintritt: Das Queen Calavera mischt die intellektuelle Kiezszene mit Burlesque-Tanz auf. Meist blonde und fülligere Damen zeigen den Strip der 30er-Jahre auf einer Mini-Bühne, ganz nah am Publikum. In den Show-Pausen wird getanzt nach Swing, Dirty Soul und Rock`n Roll. Der Eintritt ist für Location und Sujet höchst moderat: Mit 7 Euro (ab 18 Jahren) sind Sie dabei! *Do–Sa ab 21 Uhr | Gerhardstraße 7 | www.queen-calavera.de | S1–3 Reeperbahn | St. Pauli*

SAFARI CABARET [148 A4]

Keine Sorge, es ist dunkel während der Show im Saal, errötende Gesichter fallen nicht auf. Und ums Geld wird es Ihnen nicht leid tun, sollten Sie sich einmal entschließen, die 5 Euro Eintritt plus 25 Euro Mindestverzehr im Safari zu zahlen. Beileibe nicht billig, aber im Verhältnis zu anderen günstig, und die Show ist klasse, hat künstlerische Aspekte und gute Darsteller. Es ist ganz einfach so, wie eine Sexvorführung auf St. Pauli sein sollte – trauen Sie sich rein, verneppt werden die Nachtschwärmer woanders. *Tgl. 20–4 Uhr; Show alle 2 Std. | Große Freiheit 24-28 | www.safaricabaret.com | S1–3 Reeperbahn | St. Pauli*

SZENE

ASTRA STUBE [147 F2]

Unter der Sternbrücke liegt dieser Mini-Club mit Blick auf eine viel befahrene Kreuzung. Doch wenn draußen die Lastwagen brummen, wummern drinnen die Bässe. Mehr als hundert Konzerte pro Jahr stemmen die Macher, meist treten viel versprechende Hamburger Jungbands auf. Der In-Treff der Musikszene platzt bei bekannteren Gruppen aus allen Nähten, Kartenreservierung empfohlen. Kein Wunder bei den Preisen von 5–8 Euro. *Eintritt ab 5 Euro |*

Bild: erotische Shows auf dem Kiez – Cabaret

Mo–Sa ab 21.30 Uhr | Max-Brauer-Allee 200 | www.astra-stube.de | Bus 3, 15 Sternbrücke | Altona

GRÜNER JÄGER **[148 A3]**

Harmlos wirkt das kleine Haus mitten auf dem Pferdemarkt an der Grenze Schanzenviertel/St. Pauli. Doch wenn die bunten Lampen im Gärtchen leuchten, schwirrt das Partyvolk zum Jägerhaus. Vor allem junges Publikum trifft sich zu Livemusik, Partys, zum Kickern (im 2. Stock) oder einfach zum Relaxen. Rein kommt man meist kostenlos, bei Livegigs steht manchmal eine

CLEVER!

> Kiez für Einsteiger

Drei Spar-Tipps für die Reeperbahn:

1. Am Tag die Seitenstraßen erkunden – kostet gar nichts und macht Spaß! Der Kiez ist nicht so hässlich, wie es oft beschrieben wird. Bei der alten Fischräucherei am Ende der Großen Freiheit, wo die katholische Kirche St. Joseph steht, schaut es z. B. aus wie auf dem Dorf. Und vom Park Fiction am Pinnasberg haben Sie einen tollen Blick über den Hafen und die Elbe.

2. Die frühe Nacht: Lassen Sie sich treiben. Gucken Sie in die Kneipen und zahlen Sie keinen überteuerten Eintritt in angeblichen Szene-Discos. Die Eindrücke auf der Straße sind gratis und berauschend genug. Auch der Mikrokosmos der Esso-Tankstelle am Spielbudenplatz lohnt zum Verweilen – der kultige Tanke-Supermarkt hat 24 Std. geöffnet, einen Imbiss gibt's auch. Für diejenigen, die gern mit Bier in der Hand rumlaufen, gilt: An Wochenenden sind rund um die Reeperbahn Glasflaschen draußen verboten!

3. Endlich halb Eins: Ab Mitternacht wird es voll in den Bars und Szene-Treffs. Die Clubs am Hamburger Berg und Hans-Albers-Platz nehmen meist keinen Eintritt für Partys. Lassen Sie sich nicht von schäbigen Fassaden schrecken, in den schrägsten Kneipen sitzen mitunter die coolsten Typen. Top-Regel: Gesunder Menschenverstand und kein komplett zugedröhnter Kopf sind der allerbeste Schutz vor Nepp und Gefahr.

Kasse an der Tür, doch 2–4 Euro Eintritt sollten niemanden schrecken. *Eintritt 2 Euro | Im Sommer tgl. ab 18, im Winter Mi–So ab 19 Uhr | Neuer Pferdemarkt 36 | www.gruener-jaeger-stpauli.de | U3 Feldstraße | St. Pauli*

PONY BAR [140 C5]

50er-Jahre-Trash und Professorenalarm und das Ganze ganz oft umsonst: Die kuschelige Kneipe am Campus ist für manch Kommilitonen Mensa-Ersatz. Ein kleines Frühstück gibt es schon ab 2,50 und der Café latte kostet hier weniger als 2 Euro – fast einmalig in Hamburgs Zentrum. Erschwinglich sind auch die Abende: Dann wird die Bar zum Turnschuhclub und für die zahlreichen Kulturveranstaltungen gilt das Prinzip „Eintritt frei": bei den Open-Mics, den Jazz-Abenden (jeden Mi), den Montagskonzerten und dem sonntäglichen Tatort-Club (20.15 Uhr) kommen Sie stets umsonst rein. Die Kunstausstellungen sind gleichfalls gratis. *Eintritt oft frei | Mo–Sa ab 9, So ab 10 Uhr | Allende-Platz 1 | Tel. 428 38 78 95 | www.ponybar.de | S-Bahn Dammtor, Bus 4, 5 Grindelhof | Rotherbaum*

HASENSCHAUKEL [148 A4]

Die Konzerte in der kleinen Kneipe sind mittlerweile legendär und das beste: Oft kostenlos oder für kleinen Eintritt (ab 3 Euro) zu hören. Die Gäste sind dann nicht zimperlich und sitzen vor der Mini-Bühne auf dem Fußboden oder drängeln sich auf den schmalen Sitzbänken, das Interieur ist liebevoll. Wer beim Reeperbahnfestival kein Tagesticket kaufen mag, kann hier manch Konzert for free erleben. Insider Tipp *Eintritt oft frei | Mi–Sa ab 19 Uhr | Silbersackstraße 17 | Tel. 18 01 27 21 | www.hasenschaukel.de | S1 Reeperbahn | St. Pauli*

ROSIS BAR [148 A4]

Die Straße Hamburger Berg ist ein wahres Club-Dorado – fast jede zweite Tür führt in eine Kneipe. Rosis Bar gehört auch zur Rushhour zu den angenehmsten – und preiswertesten – Läden. Die Gäste tanzen bei Soul und Funk vom Plattenteller und die Kellnerinnen sind wahrscheinlich die nettesten am Berg. Ihre Drinks sind wohlfeil (Bier um 2 Euro), und Eintritt verlangt sie auch nicht. *Eintritt frei | tgl. ab 21 Uhr | Hamburger Berg 7 | S1–3 Reeperbahn | St. Pauli*

> Preiswerte Hotels, urige Hostels oder die JH mit Hafenblick: In diesen Häusern liegen Sie richtig

Hamburg ist in, zählt längst zu den beliebtesten Urlaubsmetropolen der Republik. Die Zahl der Besucher wächst stetig: Mehr als 7,5 Millionen Übernachtungen waren es im Vorjahr, Tendenz steigend. Mit einer durchschnittlichen Auslastung von knapp 70 Prozent gehört die Hotellerie der Hansestadt zu den erfolgreichsten unseres Landes. Ständig werden neue Hotels gebaut, bis 2011 sollen 2250 neue Zimmer für Gäste entstehen, meist im gehobenen Segment. Doch auch für den kleinen Geldbeutel ist die Auswahl groß. Egal ob preiswerte Hostels, in denen das Bett pro Nacht schon um 13 Euro zu haben ist, billige Hotels, Apartments oder die etwas teureren (und meist geschmackvolleren) Bed & Breakfast-Unterkünfte – da ist für jeden Geschmack was dabei. Wenn's typisch hanseatisch sein soll, kein Problem, eine Nacht im Rock-Hotel Kogge am Kiez oder im plüschigen, legendären Café Keese direkt an der Reeperbahn werden Sie so bald nicht vergessen. Außerdem bietet Hamburg eine Jugendherberge mit der vielleicht prickelndsten Lage der Welt: Die JH Auf dem Stintfang hat die Bars und Kneipen vom Kiez im Rücken und den Hafen vor Augen – wer will da noch schlafen gehen?

SCHLAFEN

BED & BREAKFAST

BEDROOM FOR YOU [140 A4]

Wohnen im hanseatischen Bürgerhaus – das verspricht Hamburg-Feeling pur. Margarete Barth vermietet 2 Doppel- und 1 Einzelzimmer mitten in einem der schönsten Amüsier-Viertel Eimsbüttels. Auf 150 stuckverzierten Quadratmetern sind Möbel und Zierrat aus aller Herren Länder zu einem weltoffenen und geschmackvollen Heim vereint, französische Stilmöbel vertragen sich problemlos mit Südsee-Flair à la Gauguin. Abends darf der Gast ein Pläuschchen mit der weit gereisten Gastgeberin halten oder auch ein spontanes Hauskonzert auf dem Flügel geben – viel Atmosphäre fürs Geld. Extrawünsche zum Frühstück werden gerne erfüllt. *EZ ab 35 Euro, DZ ab 54 Euro, inkl. Frühstück | 3 Zimmer | Tornquiststraße 1/Ecke Eppendorfer Weg | Tel. 40 18 61 37 | www.bedroomforyou.de | Buslinie 20 Fruchtallee/Hamburg-Haus | Eimsbüttel*

HADLEY'S BED & BREAKFAST [140 B4]

Die schönen Räume dieser Bed & Breakfast-Unterkunft liegen in einer Gartenvilla von 1816 im Hinterhof eines ehemaligen Krankenhauses aus der Jahrhundertwende. Neben dem Wohnbereich haben die Zimmer eine erhöhte Schlafgalerie, die Möblierung hat Stil. Im Salon können bis zu fünf Personen nächtigen, das rechnet sich dann hervorragend. Die Gäste teilen sich zwei Badezimmer mit Dusche und WC. Toll frühstücken kann man in der Café-Bar Hadley's direkt um die Ecke, für fünf Euro wird auch am Bett serviert. *EZ 65 Euro, DZ ab 75 Euro, Salon 160 Euro | 4 Zimmer | Beim Schlump 85 | Tel. 85 94 77 | www.hadleys.de | U2, 3 Schlump | Rotherbaum*

SCHLAFSCHÖN BED & BREAKFAST [140 B5]

Die sechs Zimmer dieses Bed & Breakfast befinden sich in einem ehemaligen Schwesternhaus am Schlump. Alle Räume sind individuell mit alten Möbeln eingerichtet, etwa mit einem Bauernschrank oder

Direkt an der Reeperbahn für wenig Geld: Hotel Café Keese

einem Metallbett aus Großmutters Zeiten. An einer langen Tafel im Esszimmer wird gefrühstückt (inklusive), alle Räume haben Kabelfernsehen und Internetzugang. Nicht billig, aber fürs Gebotene und Hamburger Verhältnisse günstig. *EZ ab 60 Euro, DZ 95 Euro | 6 Zimmer |Monetastraße 4 | Tel. 41 35 49 49 | www.schlafschoen.com | U2, 3 Schlump | Rotherbaum*

GÜNSTIGE HOTELS

ARCADE HOSTEL [139 E2]

Nettes Ambiente zum kleinen Preis gesucht? Das ehemalige Hotel Rex wurde stilvoll saniert, Elemente wie ein schwarzer Holztresen im Empfangsbereich oder der von Licht durchflutete Frühstücksraum (Frühstück sechs Euro, bei Vorabbuchung drei Euro) erinnern an den Glanz vergangener Zeiten. Die Zimmer sind hübsch eingerichtet und werden über ein neues Durchgangsbad betreten, das immer mit Dusche, teils auch mit WC ausgestattet ist. WLAN und Parkplätze sind kostenfrei. Für dieses sehr gute Preis-Leistungs-Verhältnis lohnt sich die etwas weitere Anfahrt. *EZ 35–58 Euro, DZ 46–85 Euro | 34 Zimmer | Kieler Straße 385 | Tel. 54 48 00 | www.arcade-hostel-hamburg.de | S3, 21, 31 Stellingen, Metrobus 22 Volksparkstraße, Bus 183 Basselweg | Stellingen*

B & B HOTEL HAMBURG-ALTONA [147 E2]

Das Motto der französischen Budget-Hotelkette lautet: auf Überflüssiges verzichten, um günstige Preise anbieten zu können. Das gelingt. Die modernen Zimmer haben ein eigenes Bad mit Dusche und WC, Klimaanlage und Fernseher, stilisierte Schiffe an den Wänden fahren durch einen bunten Hafen. In den Familienzimmern können zwei Erwachsene und zwei Kinder übernachten. WLAN gibt es kostenfrei in der Lobby. Das leckere Büfettfrühstück (6,90 Euro) entschädigt für die Lage an der lauten Straße. *EZ ab 49 Euro, DZ ab 59 Euro | Familienzimmer ab 79 Euro | 182 Zimmer | Stresemannstraße 318 | Tel. 851 80 60 | www.hotelbb.de | S3, 21, 31 Diebsteich, S11, 21, 31 Holstenstraße, dann Metrobus 3 bis Schützenstraße | Bahrenfeld*

CAFÉ KEESE HOTEL [148 B4]

Roter Samtplüsch, 20er-Jahre-Gangster-Charme und Tischtelefone zur Kontaktaufnahme mit der Dame am Nebentisch – dafür ist das Café Keese berühmt geworden. Heute wird in den nostalgischen Räumen natürlich immer noch gefeiert und gelacht, regelmäßig betritt die Crème des Quatsch-Comedy-Clubs die Bühne. Darüber liegt das Hotel Café Keese, in Sicht- und Laufweite zu fast allen Attraktionen der Reeperbahn, mit 34 schlichten, aber sauberen Zimmern. Zentraler geht's für Nachtschwärmer in Hamburg nicht. Die WLAN-Nutzung ist kostenfrei, das Frühstück wird dann für 6,90 € stilecht im Café Keese gereicht. *EZ ab 59 Euro, DZ 69 Euro | 34 Zimmer | Reeperbahn 19-21 | Tel. 33 42 78 43 | www.hotel-cafe-keese.de | U3 St. Pauli | St. Pauli*

FRAUENHOTEL HANSEATIN **[130 B2]**
Ladies unter sich: Im Hotel Hanseatin findet sich alles, was Frau allein auf Reisen braucht. Das Haus bietet stilvoll-elegante Zimmer mit großen Spiegeln, flauschigen Bademänteln und Frottee-Puschen, dazu Originalwerke heimischer Malerinnen und ausgesuchte Literatur. Zur Flaniermeile Jungfernstieg sind es 10 Minuten zu Fuß durch das altstädtische Gängeviertel. Und auf dem Rückweg kann der Tag mit einem feinen Konzert in der imposanten Laeisz-Musikhalle gut ausklingen. Besonders die günstigen Mansarden-Zimmer mit Jane-Austen-Flair haben ihren Charme. *EZ ab 49 Euro, DZ ab 84 Euro o. Frühstück | 13 Zimmer | Dra-*

Insi Ti

CLEVER!

> Kostenlos schlafen: Couch-Surfing

Und dies ist die günstigste Art, in Hamburg zu übernachten, denn hier zahlt man für den Schlafplatz – nichts. Couch-Surfing ist ein weltweites Netzwerk, das es Menschen ermöglicht, bei anderen kostenfrei die Nacht zu verbringen. Auf der Couch im Wohnzimmer, auf einer Luftmatratze im WG-Zimmer oder sogar in einem eigenen Bett. Die Idee dahinter ist, dass Reisende so kostengünstig am Alltagsleben in anderen Städten oder Ländern teilhaben können – und sich später revanchieren, indem sie möglichst selbst Gäste im eigenen Heim aufnehmen. Profil anlegen und los geht's! *www.couchsurfing.org*

gonerstall 11 | Tel. 34 13 45 | www.frauenhotel.de | Buslinie 112 Johannes-Brahms-Platz | Neustadt

FRITZHOTEL SCHANZE [148 A2]
Dies ist ein Tipp für Freunde der puristisch-minimalistischen Wohnkultur, die gern am Puls eines In-Quartiers leben. Das Altbauhaus liegt mitten im trubeligen Schanzenviertel – hier geht links-alternativ mit Werber-Chic noch ganz prima zusammen. In den 17 modern ausgestatteten Zimmern wird Wert aufs formschöne und schnörkellose Detail gelegt, Minibar und Internet inklusive. Das Frühstück kostet dafür extra – kein Problem, auswärts frühstücken gehört in der Schanze sowieso zum Pflichtprogramm. Basispreis nicht billig, aber ab 3 Nächten Aufenthalt kann man günstigere Tarife aushandeln. *EZ ab 60 Euro, DZ ab 90 Euro | 17 Zimmer | Schanzenstraße 101-103 | Tel. 82 22 28 30 | www.fritzhotel.com | U-/S-Bahn/Buslinie 15 Sternschanze | Schanzenviertel*

HOTEL-PENSION SCHWANENWIK [149 F1]
Diese elegante Pension im ersten Stock eines Jugendstilhauses ist fürs schicke Uhlenhorst äußerst günstig. Ihre Zimmer sind gemütlich und bieten Kabelfernsehen, wahlweise ein eigenes Bad oder Dusche und WC auf dem Gang. Nicht nur Kaffee und Brötchen am Morgen sind im Preis enthalten, sondern auch der wunderbare Blick vom Frühstückstisch auf die Alster. Wer mit dem Auto anreist, kann für 8 Euro am Tag einen Garagenplatz mieten. *EZ ab 50 Euro, DZ ab 75 Euro, Zustellbett 22 Euro | 18 Zimmer | Schwanenwik 29 | Tel. 220 09 18 | www.hotel-schwanenwik.de | U3 Uhlandstraße, Metrobus 6 Mundsburger Brücke | Uhlenhorst*

KIELER-HOF [149 E3]
Die Lage ist etwas ruppig aber zentral, zum Hauptbahnhof braucht es nur ein paar Minuten zu Fuß. Das sehr einfache Hotel liegt im ersten Stockwerk eines Jugendstilhauses, im beeindruckenden Treppenhaus sollten Sie unbedingt mal nach oben schauen! Die Zimmer haben Stuckdecke, WC und Dusche befinden sich auf dem Gang. Wer einen Raum mit eigener Dusche bucht, wird eine Kabine direkt im Zimmer vorfinden – also lieber das Gemeinschaftsbad wählen! Prima: Frühstück und WLAN sind im Preis schon enthal-

ten. *EZ ab 35 Euro, DZ ab 45 Euro, 3-Bettzimmer ab 60 Euro, 4-Bettzimmer ab 75 Euro | 25 Zimmer | Bremer Reihe 15 | Tel. 24 30 24 | www.kielerhof.de | alle U/S-Bahnen Hauptbahnhof | St. Georg*

MOTEL HAMBURG **[140 B3]**

Back to the Fifties: An einer Hauptverkehrsstraße liegt das denkmalgeschützte Motel Hamburg im überraschend ruhigen Hinterhof. Rundum laufender Balkon, jedes Zimmer mit orangegestreifter Garage für den fahrbaren Untersatz, umrankt von bizarr gewundenen Glyzinien – das ist amerikanisches Road-Movie-Feeling pur, hier hätte einst auch Elvis nächtigen können. Die Zimmer sind einfach, in Kiefermobiliar und 50er-Jahre-Blümchentapete gehalten, dafür sehr sauber. Bisweilen gibt es Bett und Garage auch zum Schnäppchenpreis, fragen lohnt sich. Wer nicht per Auto in die City will: Die Buslinie 5 Richtung Hauptbahnhof hält direkt vor der Tür. *EZ ab 55 Euro, DZ ab 66 Euro, Frühstück 8 Euro | 34 Zimmer | Hoheluftchaussee 117-119 | Tel. 42 04 41 | www.motel-*

CLEVER!

> Camping in Hamburg

An einer Hauptverkehrsstraße im Stadtgebiet gibt es die Möglichkeit, im Zelt, Wohnmobil oder gar im Auto zu übernachten. Der Campingplatz Buchholz ist ganzjährig geöffnet und mit Bus und Bahn leicht zu erreichen. 34 Plätze stehen für Zelte, Autos, Wohnwagen oder Wohnmobile zur Verfügung, Duschen, Toiletten und ein Aufenthaltsraum können gemeinschaftlich genutzt werden. Wer's doch bequemer mag: Im Rezeptionsgebäude sind auch drei Bed & Breakfast-Zimmer untergebracht, die Preise dafür verstehen sich stets inklusive Frühstück.
3 Zimmer, EZ 52,50 Euro, DZ 67,50, 3-Bettzimmer 87,50 Euro, bei nur einer Übernachtung 10 Euro Aufschlag, Zelt 11–15 Euro/Nacht, Übernachtung im Auto 12 Euro, Übernachtung im Wohnmobil 12–15 Euro, jeweils plus 6,50 Euro p.P./Nacht | Kieler Straße 374 | Tel. 540 45 32 | www.camping-buchholz.de | S 3, 21, 31 | Stellingen

> www.marcopolo.de/hamburg

hamburg.de | Buslinie 5 Gärtnerstraße | Hoheluft

NIGHT LODGE [148 C1]

Hamburger Edel-WG-Feeling im Univiertel unweit von Messe und Dammtorbahnhof – dies ist die ultimative Location für alle, die sich im klassischen Hotel nicht sonderlich wohl fühlen. Es gibt sechs Zimmer mit meterhohen Decken und massiven Holzböden, die stilecht modernisierten Bäder werden geteilt. Frühstück wird nicht angeboten, dafür steht eine helle, saubere Küche mit Geschirrspüler, Kühlschrank und Waschmaschine zur Verfügung. Und bekanntlich finden ja die kommunikativsten und besten Begegnungen in der Küche statt. *DZ 55 Euro | 6 Zimmer | Bundesstraße 8 | Tel. 411 88 30 33 | www.mini-hostel-hamburg.de | Buslinien 4, 5, 109 Grindelhof | Rotherbaum*

PENSION AM RATHAUS [131 D3]

Zentraler geht's nicht: Diese familiengeführte Pension liegt im Herzen der Stadt gleich neben dem stolzen Hamburger Rathaus; die bunte Shoppingmeile Mönckebergstraße verläuft parallel. Gleich drei ehemalige Wohn-Etagen des Hauses warten mit kleinen Zimmern auf, samt altem Dielenboden und geschmückt mit Ölbildern der Inhaberin. Soviel Herzlichkeit lässt Gäste schnell zu Stammbesuchern werden. Es gibt zwei Internetplätze, jedoch kein Frühstück – aber dafür sind wir ja mitten im Zentrum der Stadt. *EZ ab 29 Euro, DZ ab 44 Euro | 15 Zimmer | Rathausstraße 14 | Tel. 33 74 89 | www.pension-am-rathaus.de | U/S/Buslinien Rathaus | Altstadt*

ROCK'N'ROLL-HOTEL KOGGE [148 A4]

Nichts für schwache Nerven, doch wer Rock'n'Roll im Blut hat, wird die Kogge genießen: Das kleine Kiez-Hotel ist gleichzeitig Hafenbar, der Tresen Rezeption und Gäste bekommen zur Begrüßung schon mal einen Schnaps eingeschenkt. Die Räume sind individuell gestaltet und tragen Namen wie „Honeckers Herrenzimmer" oder „Punk Royal", Dusche und Toiletten werden gemeinschaftlich genutzt. Wer nachts nicht feiern, sondern schlafen möchte, sollte die bereitgelegten Ohrenstöpsel benutzen, denn in der Bar kann es laut werden. *EZ 29,50–33 Euro, DZ 48,50–55 Euro, 4-Bettzimmer 78–88*

Insider Tipp

Euro | 12 Zimmer | Bernhard-Nocht-Straße 59 | Tel. 31 28 72 | www.kogge-hamburg.com | U3, S1, 3, Landungsbrücken | St. Pauli

SCHLAFLOUNGE **[140 A5]**

Hier sind guter Stil und Geschmack Programm: In den unteren Stockwerken eines alten Jugendstilhauses gibt's fein eingerichtete Einzel- und Doppelzimmer mit moderner Lounge-Atmosphäre zu bezahlbaren Preisen. Das Frühstück (10 Euro extra) mit Rohmilchkäse, frischem Aufschnitt und Obstsalat ist seinen Preis wert, die Bohnen für Kaffeespezialitäten wie Espresso, Latte macchiato oder Cappuccino werden frisch gemahlen. Internetzugang ist für 6 Euro am Tag zu haben. Nicht ganz billig, aber seinen Preis wert. *EZ 65 Euro, DZ 89 Euro | 6 Zimmer | Vereinsstraße 54b | Tel. 38 68 83 57 | www.schlaflounge.de | U2 Christuskirche | Eimsbüttel*

ST. PAULI LODGE & GUESTHOUSE **[140 A5]**

Keine Frage, dies ist eine Unterkunft in bester Lage zwischen Reeperbahn und Schanzenviertel zu tollen Tari-

Gut und günstig mit eigenem Bad: St. Pauli Lodge

fen. Die Zimmer der Lodge sind modern reduziert eingerichtet, haben Holzfußboden und ein eigenes Bad. Das Guesthouse nebenan ist etwas rustikaler und erinnert mit Gemeinschaftsbad und Dielenfußboden eher an eine hanseatische Pension. Das Frühstück kostet 7 Euro, Bettwäsche, WLAN, Kaffee und Tee sind kostenfrei. *im Guesthouse EZ ab 28 Euro, DZ ab 48 Euro | in der Lodge EZ ab 48 Euro, DZ ab 58 Euro | 14 Zimmer | Thadenstraße 94 | Tel. 43 27 45 44 | www.sankt-pauli-lodge.de | U 3 Feldstraße | St. Pauli*

STELLA MARIS **[148 B4]**

Das charmante Hotel, untergebracht in einer ehemaligen Seemannsmission im quirligen Portugiesenviertel, bleibt seiner maritimen Vergangenheit in vielen Details treu. Die günstigen Zimmer der Sailor's Class haben Etagendusche und -toilette, sind gemütlich und für den Preis echte Schnäppchen. In der Officer's Class hat der Gast sein eigenes Bad und einen Fernseher, in der Captain's Class zusätzlichen Luxus wie Hosenbügler. Das Frühstück kostet 9 Euro Aufpreis. *Sailor's Class: EZ ab 29 Euro, DZ ab 39 Euro | Officer's Class: EZ ab 65 Euro, DZ ab 75 Euro | Captain's Class: EZ ab 85 Euro, DZ ab 95 Euro | 51 Zimmer | Reimarusstraße 12 | Tel. 319 20 23 | www.stella-maris.de | U 3, S 1, 3 Landungsbrücken | Neustadt*

ZLEEP HOTEL HAMBURG CITY **[147 F4]**

Wer in der Nähe der Reeperbahn schlafen möchte, findet im Haus der dänischen Hotelkette eine moderne Unterkunft zu moderaten Preisen. Die klar und einfach eingerichteten Zimmer haben ein eigenes Bad mit Dusche und WC, Fernseher, Klimaanlage und WLAN-Empfang. Das Frühstück kostet 9 Euro, montags bis donnerstags wird ein Abendessen als Büfett für rund 10 Euro angeboten, etwa mit asiatischen Gerichten oder Fisch. *EZ ab 59 Euro, DZ ab 79 Euro, 3-Bettzimmer ab 99 Euro | 148 Zimmer | Königstraße 4 | Tel. 311 82 10 | www.zleephotels.com | S 1, 3 Reeperbahn | St. Pauli*

HOSTELS UND HERBERGEN

A&O HAMBURG HAUPTBAHNHOF **[149 E4]**

Früher wurden hier Waren gelagert, heute können Reisende im alten Kontorhaus einfach, aber günstig übernachten. Das A&O Hamburg

Hauptbahnhof gehört zu einer Kette, die sowohl Hostel- (Frühstück 6 Euro) als auch Hotelzimmer (Frühstück inklusive) anbietet. Die Preise variieren: Je eher man bucht, desto günstiger wird das Bett. Kinder schlafen im Zimmer der Eltern kostenlos. Echte Schnäppchen und Last-Minute-Preise gibt es online. *EZ ab 39 Euro, Bett im DZ ab 25 Euro, Bett im Familienzimmer ab 15 Euro, Bett im 4– 8-Bettzimmer ab 13 Euro | 273 Zimmer | Amsinckstraße 6–10 | Tel. 644 21 04 56 00 | www.aohostels.com | U1 Steinstraße | St. Georg*

BACKPACKERS ST. PAULI **[148 A3]**

Ein nettes Hostel in ruhiger, zentraler Lage zwischen Schanzenviertel und Reeperbahn. Die schlicht eingerichteten Zimmer haben stabile Etagenbetten (Bettwäsche einmalig 2 Euro) und teilweise ein eigenes Bad. In der gemütlichen Hostelkneipe „The Globe“ servieren die freundlichen Mitarbeiter Frühstück (4 Euro), hausgemachte Suppen, Toasties, Kuchen und am Abend ein Bier. Wer möchte, kann kickern oder Dart spielen. Zahlung ausschließlich bar oder per Überweisung! *Bett im DZ ab 30*

Kaffee gratis für Morgenmuffel: Instant Sleep Backpacker Hostel

Euro, im 3-Bettzimmer ab 25 Euro, im 4-Bettzimmer ab 24 Euro, im 6-Bettzimmer ab 23 Euro, im 8-Bettzimmer ab 19,50 Euro | 10 Zimmer | Bernstorffstraße 98 | Tel. 23 51 70 43 | www.backpackers-stpauli.de | U3 Feldstraße, Metrobus 3 Bernstorffstraße | St. Pauli

BUCH-EIN-BETT-HOSTEL [148 A4]

Das kleine Hostel in einer Seitenstraße der Reeperbahn erinnert mit seinen verwinkelten Ecken ein wenig an eine Privatwohnung. Die Zimmer haben ein eigenes Bad, teilweise außerhalb des Schlafraums, Fernseher, Kühlschrank und meist einfache Etagenbetten (Bettwäsche inklusive). Frühstück gibt's nicht, dafür eine Küche für alle. WLAN ist kostenfrei. *Bett im 2-Bettzimmer 25–29,50 Euro, Bett im 2-Bettzimmer (eigenes Bad außerhalb des Zimmers) 22–24,50 Euro, Bett im 4-Bettzimmer 18–22 Euro, Bett im 6-Bettzimmer 16–19,50 Euro | Detlef-Bremer-Straße 44 | Tel. 31 51 12 | www.buch-ein-bett.de | U3 St. Pauli | St. Pauli*

HOSTEL FANGDIECK 55 [132 C5]

Wer ein Fußballspiel in der Arena Stellingen besucht, fährt anschließend nur eine Station mit der S-Bahn zu diesem kleinen Hostel in Eidelstedt. Die Umgebung in einem Industriegebiet ist nicht sonderlich schön, aber die geräumigen Zimmer mit Gemeinschaftsbad sind nett eingerichtet (Bettwäsche einmalig 3 Euro), in einer Sofaecke lässt es sich am Abend gemütlich klönen. Frühstück ist Fehlanzeige, die Küche dafür mit allem ausgestattet, um morgens Kaffee und lecker Rührei zu machen. *DZ ab 50 Euro, Bett im 4-Bettzimmer ab 22 Euro, Bett im 6-Bettzimmer ab 19 Euro | 5 Zimmer | Fangdieckstraße 55 | Tel. 0176/53 04 41 26 | www.hostel-fangdieck.de | S3, 21, 31 Eidelstedt | Eidelstedt*

INSTANT SLEEP BACKPACKER HOSTEL [147 F3]

Das Gute: Der nächste Cocktail ist nie weit entfernt, denn das Hostel teilt sich das Haus mit zwei angesagten Bars. Der Nachteil: Es kann am Wochenende arg laut werden. Die Zimmer sind hübsch gestaltet, mit Retro-Tapeten im 70er-Jahre-Stil. Duschen und WCs werden gemeinschaftlich genutzt, Bettwäsche ist inklusive. Statt Frühstück wird Kaffee gratis für Morgenmuffel ausgeschenkt, die den kurzen Fußweg zu den Bistros des Schanzenviertels sonst nicht überstehen. *EZ 37 Euro, Bett im DZ 26 Euro, Bett im 3-Bettzimmer 23,50 Euro, Bett im 4-/5-Bettzimmer 21 Euro, Bett im 8-/9-Bettzimmer 16,50 Euro | Max-Brauer-Allee 277 | Tel. 43 18 23 10 | www.instantsleep.de | U3, S11, 21, 31 Sternschanze | St. Pauli*

JUGENDHERBERGE „AUF DEM STINTFANG" **[148 B4]**

Gäste aus aller Welt, frohe junge und jung gebliebene Menschen, poppig-moderne Räumlichkeiten – diese Jugendherberge ist der ideale Standort für ein ausgelassenes Wochenende in Hamburg. Der Hafen liegt ihr direkt zu Füßen, das Partyviertel Reeperbahn in Laufweite, U- und S-Bahnstation vis-à-vis. Zur Auswahl stehen 8er-Schlafräume mit Panoramablick über die altehrwürdigen Landungsbrücken oder anständige Zwei- und Mehrbettzimmer. Tipp: Der Stintfang liegt auf einer für Norddeutschland stattlichen Anhöhe – also genug Puste für den nächtlichen Rückweg einplanen! *DZ 59,90 Euro, Bett im Mehrbettzimmer ab 19,90 Euro, „Alte" Menschen über 27 Jahren zahlen 3 Euro Aufschlag | 357 Betten | Alfred-Wegener-Weg 5 | Tel. 31 34 88 | www.djh-nordmark.de | U/S Landungsbrücken | Neustadt*

KASTANIEN-HOTEL **[148 A4]**

Sollte man in einem ehemaligen Bordell übernachten? Unbedingt! Die plüschige Atmosphäre des einstigen Etablissements wurde beibehalten und cool durch Details wie verschnörkelte Spiegel oder Handschellen am Bett ergänzt. Wem es im Prinzessinnenzimmer zu langweilig wird, der kann ja einfach an der Bar gemütlich ein Bier trinken, bevor es um die Ecke zum Kiezbummel geht. Bettwäsche kostet einmalig drei Euro, ab mehreren Personen wird auf Anfrage auch Frühstück serviert. *EZ 35 Euro, EZ mit Dusche 40 Euro, DZ 50 Euro, DZ mit Dusche 60 Euro, Bett im 4-Bettzimmer 22 Euro, Bett im 8-Bettzimmer 19 Euro | Kastanienallee 27 | Tel. 31 79 52 34 | www.kastanien-hotel.de | U3 St. Pauli | St. Pauli*

MEININGER HOTEL CITY CENTER **[147 E3]**

„Moin, Moin" steht groß über der Rezeption – dieser locker-freundschaftliche Stil zieht sich durchs ganz in Rot gehaltene Haus der Budget-Hotelkette. Die Doppel- und die günstigen Mehrbettzimmer (Bettwäsche inklusive) sind schick eingerichtet und haben ein eigenes Bad mit Dusche und WC. Frühstück gibt es für 4,50 Euro, WLAN kostenlos in der Lobby. Wer unter 18 Jahre alt ist, darf die Schlafsäle nicht benutzen. Die online buchbaren Tagespreise sind besonders günstig. *Bett im DZ ab 45 Euro, Bett im Mehrbettzimmer (3–6 Betten) ab 29 Euro, Bett im Schlafsaal ab 18 Euro, Bett im Apartment ab 34 Euro | 116 Zimmer | Goetheallee 11 | Tel. 414314008 | www.meininger-hotels.com | S1, 3, 11, 31 Altona | Altona*

SCHANZENSTERN ALTONA [147 D3]

Dieses Hostel liegt im quirligen Stadtteil Ottensen, nur einen kurzen Fußweg von Cafés und Bars entfernt. Einige der Zimmer haben Etagenbetten, alle ein eigenes Bad mit Dusche und WC. Im Dachgeschoss gibt es zwei Apartments mit Wohn- und Schlafzimmer, Küche und Bad, die pro Tag, aber auch zum guten Wochenpreis gemietet werden können. Das Bio-Frühstück (6,50 Euro) erleichtert den Start in den Tag. *EZ 44 Euro, DZ 59–69 Euro, 3-Bettzimmer 74 Euro, 4-Bettzimmer 84 Euro, 5-Bettzimmer 120 Euro, Bett im Mehrbettzimmer 19 Euro, Apartment für 2 Personen 74–85 Euro, für 4 Personen 100 Euro | 31 Zimmer, 2 Apartments | Kleine Rainstraße 24–26 | Tel. 39919191 | www.schanzenstern-altona.de | S1, 3, 11, 31 Altona | Ottensen*

SCHANZENSTERN ST. PAULI [148 A2]

Noch bis 1990 wurden hier Mont-Blanc-Füller produziert, heute ist in den oberen Etagen der Produktionshallen ein Hostel untergebracht. Die Mehrbettzimmer haben ebenerdige Betten und eigene Duschen, ansonsten stehen Etagenduschen und -toiletten zur Verfügung. Tipp: Zimmer 68 ist mit französischem Bett, Balkon und toller Aussicht besonders gemütlich. Im Gasthaus wird morgens ein Bio-Frühstücksbüfett angeboten (6,50 Euro bei vorheriger Anmeldung). Unschlagbar ist die Lage: mitten im angesagten Schanzenviertel. *EZ 38,50 Euro, DZ 54 Euro, 3-Bettzimmer 64 Euro, 4-Bettzimmer 78 Euro, 5-Bettzimmer 96 Euro, Bett im Mehrbettzimmer 19 Euro | 19 Zimmer | Bartelsstraße 12 | Tel.*

4398441 | www.schanzenstern.de | U3, S11, 21, 31 Sternschanze | St. Pauli (Schanzenviertel)

SEEMANNSHEIM KRAYENKAMP [130 B4]
Dies ist ein Domizil für waschechte Matrosen und originelle Kult-Unterkunft am Fuß der St. Michaelis-Kirche: willkommen im Heim der Deutschen Seemannsmission! Die Ausstattung ist schlicht und einfach – der Unterschied zu den Kojen an Bord soll ja nicht allzu groß sein. Die Mitarbeiter sind mit Freude und manchmal auch mit Gratis-Seemannsgarn bei der Sache, teils sind es echte „gestrandete“ Seebären, die anderswo keine Heuer mehr fanden. Wer hier nächtigt, unterstützt also auch ein wenig die karitative Arbeit der Seemannsmission für in Not geratene Kollegen. *EZ ab 40 Euro, DZ ab 72 Euro mit Frühstück | 83 Zimmer | Krayenkamp 5 | Tel. 370960 | www.seemannsheim-hamburg.de | S1, 3 Stadthausbrücke | Neustadt*

SUPERBUDE HAMBURG [149 F4]
Schlafen, Chillen und Entspannen: Hier kann man sich fraglos wohlfühlen. Alle Zimmer des Insider Tipp loungeartigen Hostels haben ein eigenes Bad und einen Flachbildfernseher. Jedes Stockwerk ist in einer anderen Farbe gehalten – wer mutig ist, bezieht ein Zimmer in der roten Etage, in der selbst die Badezimmer knallrot gekachelt sind. Bettwäsche, Handtücher und Internetzugang sind inklusive, gefrühstückt wird auf zu Sitzmöbeln umgebauten Bierkisten für 7 Euro. Kinder bis zwölf Jahre übernachten und frühstücken kostenlos. Wahrhaftig eine coole Bude. *DZ ab 59 Euro, 4-Bettzimmer ab 91 Euro, Bett im Mehrbettzimmer ab 16 Euro | 74 Zimmer | Spaldingstraße 152 | Tel. 3808780 | www.superbude.de | U2, 3, S1, 11, 21 Berliner Tor | St. Georg*

WOHNBÖRSEN & APARTMENTS

AGENTUR FISCHMARKT [130 C5]
Gestatten: Hier können Sie individuelle Zimmer und Ferienwohnungen an den Hot Spots St. Pauli, Hafen und am Michel mieten. Sie sind meist modern ausgestattet, manchmal mit Blick in schön begrünte Hamburger Hinterhöfe und in der Regel mit guter Anbindung an die touristischen Attraktionen (falls man nicht direkt nebenan wohnt). Selbst die Ein-Zimmer-Apartments lassen

Bild: coole Optik, gute Preise – Superbude Hamburg

sich meist mittels Schlafcouch mit bis zu 4 Schläfern nutzen. Auch wenn's dann nachts kuschelig eng wird, macht nix – das Hamburger Lebensgefühl geht ja gleich vor der Haustür los. *EZ ab 32 Euro, DZ ab 50 Euro, Apartment ab 85 Euro | Deichstraße 36a | Tel. 3172713 | www.agentur-fischmarkt.de | U/S/Bus www.hvv.de*

APARTMENT AM FISCHMARKT **[147 F4]**
Schmucke Bleibe mit Balkon oberhalb der historischen Köhlbrandtreppe rechts von der legendären Haifischbar: Auf 40 stilvollen Quadratmetern residiert man zu zweit oder dritt direkt über dem Fischmarkt. Von außen ist's ein kantiger Betonriese, innen wartet wunderschön erhaltener 70er-Jahre-Retrochic. Die Waschmaschine im Keller wird noch mit 50-Pfennig-Stücken gefüttert (beim Hausmeister zu erwerben). Von der hauseigenen Dachterrasse im 22. Stockwerk hat man einen der besten aller denkbaren Ausblicke weit über den Hafen, von der Elbphilharmonie über Dock 11 bis hinunter in Richtung Elbmündung. Nicht ganz billig, aber unbedingt zu empfehlen für Hafengeburtstag oder Cruise Days! *Ab 70 Euro für bis zu 3 Personen | Mindestaufenthalt 5 Tage | Breite Straße 159 | Tel. 40172628 | www.apartment-am-fischmarkt-hamburg.de | Buslinie 112 Fischmarkt | Altstadt-Altona*

ASIA APARTMENTS GÄSTEHAUS **[140 A5]**
Dieses schnuckelige kleine Häuschen für zwei, die sich gern haben, liegt beschaulich im Garten einer schönen alten Stadtvilla nahe zu Sternschanze und Generalsviertel. Es gibt ein Doppelbett, jede Menge geschmackvolle Deko- und Ausstattungsdetails, dazu Telefon und Fernseher, WC und Duschbad, allerdings keine Küche – dafür jede Menge Cafés und Bars um die Ecke. Wenn die kleine Garten-Remise belegt ist, vermieten die Besitzer gern ihre beiden ähnlich charmanten Apartments gleich nebenan. *Gästehaus 48 Euro, Apartment 64 Euro (jeweils mit Platz für zwei Personen), Bettwäsche inklusive, bei nur einer Nacht Endreinigung ab 20 Euro | 1 Gästehaus und 2 Apartments | Heinrichstraße 1 | Tel. 3892390 | www.asia-apartments.de | Buslinie 15 Schulterblatt | Eimsbüttel*

CLAUDIA KIRSCH OTTENSEN [147 D3]

In luftiger Höhe unterm Dach mit Blick auf Ottensen (das „wahre Herz Altonas“) lockt hier ein 60-Quadratmeter-Apartment vom Feinsten. Die gut geschnittene Atelierwohnung im 5. OG eines gepflegten Ärzte-Hauses ist mit großem Luxusbad und kompletter Küche ausgestattet. *1 Apartment, für 1 Person 44 Euro, 2 Personen 60 Euro, 3 Personen 76 Euro, Bettwäsche extra | Bahrenfelder Straße 169 | Tel. 3909742 | info@claudiakirsch.de | S/ Buslinie 15 Altona | Altona*

MITWOHNZENTRALE

Wer etwas länger in Hamburg bleiben möchte – eine Woche, einen Monat oder ein halbes Jahr –, findet hier Zimmer zur Zwischenmiete in WGs und Wohnungen, meist von Privatanbietern. Die Preise für Wochen- oder Monatsmieten sind oft deutlich günstiger als in Hostels oder billigen Hotels für den vergleichbaren Zeitraum, manch Zimmer wird sogar tageweise für unter 10 Euro angeboten. In der Regel ist eine Kaution zu hinterlegen. Ein schöner Nebeneffekt: In WGs gibt's die netten Mitbewohner gratis dazu. *www.wg-gesucht.de*

HOME COMPANY [148 A1]

Für all diejenigen, die einen längeren Aufenthalt planen und ein möbliertes Zimmer, ein Apartment oder eine Wohnung suchen, ist Home Company unbedingt einen Blick wert. Die Wochenraten sind meist recht günstig, ein 10 m² großes Zimmer in Altona ist etwa schon für 75 Euro zu haben. Neben der Kaution wird in der Regel noch eine Provision fällig. *Schulterblatt 112 | Tel. 19445 | www.homecompany.de | U3, S11, 21, 31, Sternschanze | St. Pauli (Schanzenviertel)*

ZIMMER FREI HAMBURG [142 C1]

Diese Agentur vermittelt ca. 50 Zimmer und Ferienwohnungen aus privater Hand in allen Ecken Hamburgs. Von absolutem Basic bis Jugendstil-Ambiente ist für jeden Gast und Geldbeutel etwas dabei. Frühstück wird meist mit 5 Euro veranschlagt, teils werden Bad und WC mit dem Gastgeber gemeinsam genutzt – einfach mal nachfragen. *DZ ab 41 Euro, Frühstück ca. 5 Euro | Etwa 50 Zimmer und Apartments | Steilshooper Straße 186 | Tel. 27877777 | www.zimmerfreihamburg.de | U/S/Bus www.hvv.de*

PRIVATHOTEL LINDTNER HAMBURG [152 C4]

Dieses Fünf-Sterne-Hotel ist der ideale Ort für ein Luxus-Wochenende fernab vom Großstadt-Trubel, es liegt ruhig inmitten eines Gartens im Süden von Hamburg. Die schönen Superior-Zimmer sind zur Frühbucherrate bis etwa drei Wochen vor Anreise als Einzel- ab 89 Euro und als Doppelzimmer ab 109 Euro zu haben (regulär ab 119 bzw. 159 Euro). Frühstück kostet 18 Euro extra, die Nutzung des fast 400 Quadratmeter großen Payot Spa mit Sauna-Landschaft, Dampfbad und Fitnessbereich ist im Preis enthalten. *EZ ab 89 Euro, DZ ab 109 Euro | 128 Zimmer | Heimfelder Straße 123 | Tel. 79 00 90 | www.lindtner.com | S3 Heimfeld, Bus 142 Heimfelder Straße | Lokstedt*

SIDE-HOTEL HAMBURG [130 C2]

Den Zimmerpreis nach Körpergewicht bezahlen? Das funktioniert in diesem **Insider Tipp** exzellenten Fünf-Sterne-Design-Hotel bei einer Übernachtung von Sonntag auf Montag: Wer 64 kg wiegt bekommt das Einzelzimmer für 64 Euro, bei Buchung eines Doppelzimmers (regulär ab 170 Euro) wird die leichtere Person auf die Waage gestellt und das Gewicht mal zwei genommen. Den Slim-Tarif gibt es ab 18 Jahren und einem Gewicht von 50 kg. Die Spa-Benutzung ist inklusive, Frühstück in Büfettform kostet allerdings 23 Euro pro Person. *Von So auf Mo Zimmerpreis nach Gewicht | 178 Zimmer | Drehbahn 49 | Tel. 30 99 90 | www.side-hamburg.de | U2 Gänsemarkt | Neustadt*

SOFITEL HAMBURG ALTER WALL [130 C3]

Wer die Frühbucherraten des Sofitel nutzt, kann zu einem einigermaßen erschwinglichen Preis Fünf-Sterne-Luxus genießen: mit der Early-Rate bis 15 Tage vor Anreise lassen sich fürs Doppelzimmer um 40 (regulär ab ca. 165 Euro), mit der Smart-Rate bis 3 Tage vor Anreise rund 30 Euro sparen. Frühstück ist für 26 Euro pro Person zu haben – besser ums Eck ins Café gehen! Zum Entspannen lockt das Seagull Spa mit Pool, Sauna und Dampfbad (inklusive). *DZ ab ca. 125 Euro | 241 Zimmer | Alter*

LUXUS LOW BUDGET

Wall 40 | Tel. 36 95 00 | www.sofi tel.com | U3 Rödingsmarkt, S 1, 3 Stadthausbrücke | Neustadt

THE GEORGE HOTEL [149 F2]
Hier verschmelzen britische Tradition, feiner Kolonialstil und moderne Elemente zu einer Wohlfühl-Oase. Ein Wochenende in dem Vier-Sterne-Design-Hotel ist im Basic-Weekend-Package (Freitag bis Sonntag oder Samstag bis Montag) für 300 Euro zu haben. Darin enthalten sind zwei Nächte im Doppelzimmer, Frühstücksbüfett und Nutzung des im marokkanischen Stil gehaltenen Spa. Das Szeneviertel St. Georg ist nur einen kurzen Fußweg entfernt. *Weekend-Package für Zwei inkl. Frühstück und Spa 300 Euro | 125 Zimmer | Barcastraße 3 | Tel. 280 03 00 | www.thege orge-hotel.de | U 1 Lohmühlenstraße, Metrobus 6 AK St. Georg | St. Georg*

Feiner Stil, zentrale Lage: The George Hotel mit Weekend-Package

> Die besten Abenteuer gibt's meist umsonst: Wo große und kleine Leute in Hamburg Spaß haben

Wer mit Kindern etwas unternimmt, der kann manchmal wahre Wunder erleben. Das Ziegengehege ist viel spannender als das Terrarium für seltene Schlangen. Das teure Geburtstagsgeschenk total langweilig im Vergleich zur Wasserpumpe im Park. Und der riesige Walzahn fesselnder als der neueste Kinderstreifen im Kino. Anders gesagt: Die teuren Freizeitvergnügungen bringen nicht unbedingt den meisten Spaß.

Deshalb finden Sie hier alles, was lustig ist, neugierig macht und klug – ohne dabei viel Geld zu kosten. In Hamburg gibt's sogar jede Menge kostenlose Angebote für Familien: Parks mit Plantschbecken, in denen man im Sommer umsonst toben kann, ein Zoologisches Museum, das zur Uni gehört und keinen Eintritt kostet oder einen Bauspielplatz, auf dem die Kleinen Meerschweichen beobachten können, Stockbrot backen oder auf einem Traktoranhänger durch den Park tuckern. Wir haben eine klare Grenze gezogen: Was für eine vierköpfige Familie 30 Euro Eintritt kostet, ist nicht günstig, damit – wir geben's zu – fallen ein paar Hamburger Klassiker raus aus dem Familienprogramm. Der guten Laune tut's keinen Abbruch: Tauchen Sie ein ins Hamburger Familienleben!

MIT KINDERN

AKTION & SPIEL

AUSSICHTSTERRASSE AM HAMBURG AIRPORT [152 C2]

Mama, das ist keine Boeing, das ist ein Airbus! Der internationale Flughafen der Stadt heißt Hamburg Airport, ist der fünftgrößte Deutschlands und einer der modernsten Europas. Bis zu 48 Starts und Landungen pro Stunde sind möglich. Es gibt also für Flugzeug-Fans eine Menge zu beobachten. Einen besonders guten Überblick hat man von den Aussichtsterrassen in Terminal 1 und 2 und beim weltweit einmaligen Flughafen-Modell mit Flugbetriebssimulation. Da gibt's um 10, 12, 14 und 16 Uhr Aufführungen. *Eintritt frei | Flughafenstr. 1–3 | www.airport.de | S1 Hamburg Airport | Fuhlsbüttel*

CAFÉ STERNCHANCE [148 B1]

Im Sommer spielen die Kinder wunderbar draußen auf dem Spielplatz im Garten des Cafés in Sichtweite der Eltern, im Winter gibt's im Innenbereich eine Lego-Ecke sowie Maluntensilien. Schneewittchen, Sterntaler, Max und Moritz stehen auf der Kinderkarte im Café und Culturhaus Sternschanze, und es handelt sich dabei um Milchreis, Bratkartoffeln und Kartoffelpuffer – jeweils für zivile 2,80 Euro. Auch die Preise für Erwachsenenspeisen sind durchaus familienverträglich: Die meisten Hauptgerichte bleiben nämlich unter der 10-Euro-Grenze. Da wird ein Tag im Café Sternchance nicht gar so teuer. *Mo–Fr 11–24, Sa und So 10–23 Uhr | Schröderstiftstraße 7 | Tel.*

430 11 68 | www.sternchance.de | U 2, 3 Schlump | Eimsbüttel

Insider Tipp

INDOO EISARENA [130 A3]

Europas größte Kunsteislaufbahn unter freiem Himmel liegt im Park Planten un Blomen – und hat natürlich nur im Winter geöffnet. Bislang gab's hier Eislaufen mit viel Nostalgie-Faktor, nun ist die Eisanlage in den Wallanlagen unter neuer Leitung: Hinzu gekommen sind Räume für Geburtstagsfeiern und ein Café mit Bio-Spezialitäten. Ansonsten gilt: bei guter Musik lockere Runden drehen, die Kleinen klammern sich an Spielfiguren auf Kufen, die Großen versuchen sich wie früher zaghaft im Rückwärtsfahren. Kinder bis 13 Jahre 2,50, Erwachsene 4 (2,5 Stunden), Verleih ab 4,50 Euro. *Tgl. 10–22, Mo–Do 18.30–20 Uhr exklusiv für Sportvereine | Holstenwall 30 | Tel. 319 35 46 | www.eisarena-hamburg.de | U 3 St. Pauli | Neustadt*

MINIGOLF IM STADTPARK [141 F1]

Ums Handicap geht's hier nicht, aber Spaß macht's auch ohne richtigen

Schöner Spielplatz für Kids, die Alten essen derweil Kuchen: Café Sternchance

Ehrgeiz. Die Minigolf-Anlage mitten im Hamburger Stadtpark gibt es seit 2004. Auf 18 Bahnen können Große und Kleine Ballgeschick beweisen, der Kiosk gleich nebenan versorgt die Minigolfer mit Getränken und Eis. Kinder bis 14 Jahre 2, Erwachsene 3 Euro. *Mo–Fr ab 14, Sa und So ab 12 Uhr, jew. bis Einbruch der Dunkelheit (Mitte März–Mitte Oktober) | Südring | Bei schönem Wetter öffnet der Platz auch im Winter. Direkt nebenan gibt's einen Kinderspielplatz für die Kleinen. Zugang über Südring | Tel. 68 74 65 | www.minigolf-in-hamburg.de | U3 Borgweg | Winterhude*

SPIELSTADT HAMBURG XXL [134 B3]

Ab ins Bällebad, die Kletterwand hinauf oder den acht Meter hohen Tower mit vielen Spielmöglichkeiten erklimmen? Die Spielstadt Hamburg XXL bietet Spielspaß für Kinder bis 12 Jahre. Der citynahe Indoorspielplatz hat ein Bistro und spezielle Frühstücksspecials für Familien. Die Eintrittspreise variieren: Vormittags dürfen Eltern umsonst rein (Kinder 5,90 bzw. 6,90 Euro am Wochenende). Nachmittags zahlen Eltern 2,90–3,90 Euro. Die Familienkarte (2 Erw., 2 Kinder) kostet 15 Euro unter der Woche und 18 Euro am Wochenende. *Mo–Fr 9.30–19, Sa, So und Feiertags 10–19 Uhr | Papenreye 26 | Tel. 55 44 98 84 | www.spielstadt-hamburg.de | Bus 23, 34, 114 Spreenende | Groß Borstel*

LESUNGEN & THEATER

FUNDUS THEATER [150 B2]

Schon seit 1980 gibt's das Fundus Theater in Hamburg, das Stücke für Kinder zwischen drei und zwölf Jahren auf die Bühne bringt. „Jedes Stück ein eigener Kosmos" lautet das Motto der Theatermacherinnen Sylvia Deinert und Tine Krieg, denn auf der Bühne werden Schauspiel, Figurentheater, Film, Tanz und Musik gemixt. Neben Klassikern stehen Gastspiele und selbst entwickelte Stücke auf dem Programm. Kinder 5, Erwachsene 6 Euro. *Termine lt. Programm | Hasselbrookstraße 25 | Tel. 250 72 70 | www.fundus-theater.de | S1, 11 Landwehr | Wandsbek*

HAMBURGER PUPPENTHEATER [142 B3]

Hinter diesem Namen steckt die Arbeitsgemeinschaft für das Puppenspiel, die im Haus der Jugend Flachsland übers Jahr zahlreiche Gast-Puppenspiele veranstaltet. Dabei reicht die Spannbreite der Darbietungen von klassischen Märchenstoffen bis hin zu modernen Kinderbuch-Darbietungen. Zum Einsatz kommen wunderschöne Hand-, Tisch- und Stabpuppen sowie Marionetten. Auch Puppen-Bastelkurse werden angeboten. Karten kosten Mi, Do 4, Sonntags 5 Euro pro Person. *Aufführungen Mi, Do, So | Haus der Jugend Flachsland | Bramfelder Straße 9 | Tel. 23 93 45 44 | www.hamburger-puppentheater.de | U 2, 3, S 1 Barmbek | Wandsbek*

CLEVER!

> Tipps aus dem Netz

Das Stadtportal der Stadt Hamburg informiert Familien über interessante und nützliche Angebote, Sehenswürdigkeiten und allerlei Veranstaltungen für große und kleine Leute, darunter auch über den von der Hansestadt veranstalteten beliebten Familientag, der jedes Jahr während des Sommers stattfindet (*www.hamburg.de/familienurlaub*). Eine weitere gute Quelle für viele Tipps ist auch die vom Verein Kinderstadt getragene Website *www.kinderstadt.de*

KINDERBIBLIOTHEK KIBI [149 E4]

Viele Standorte der Bücherhallen Hamburg bieten auch Programme für Kinder an. Besonders viele Termine finden Eltern aber in der Kibi am zentralen Standort. Neben wöchentlich stattfindenden Lesungen für verschiedene Altersgruppen gibt's an jedem ersten Samstag im Monat von 14–15 Uhr den Familiensamstag mit Überraschungsprogramm. Der Eintritt ist überall frei. Man kann aber auch einfach so ein Schmökerstündchen in der Bibliothek verbringen. Sie liegt zentral zur City und in der Nähe des Bahnhofs. *Mo 14–19, Di–Fr 11–19, Sa 11–16 Uhr | Hühnerposten 1 | Tel. 42 60 62 06 | www.buecherhallen.de | U 1 Steinstraße | Altstadt*

LITERATURHAUS [153 F1]

Das Literaturhaus Hamburg bietet für Kinder und Jugendliche mehrere regelmäßige Veranstaltungen, bei denen es um Bücher und um Philosophie geht. Bei „Spaß mit Büchern" erleben Vor- und Grundschüler Lesungen, Theaterstücke, Comics und Hörspiele. Der Eintritt ist frei, die Veranstaltungen finden meist am ersten Mittwoch des Monats statt. Der

„sta*-club“ wendet sich an Jugendliche ab 14 Jahren. Sechs Mal im Jahr haben sie die Chance, Autoren zu Lesungen zu treffen und mit ihnen zu sprechen. Der Eintritt ist frei. Fest im Programm ist auch „Gedankenflieger“, eine Veranstaltung, bei der kleine Leute ab sieben Jahren mit interessanten großen Leuten philosophischen Fragen nachgehen (2 Euro). *Eintritt meist frei | Literaturhaus Hamburg e.V. | Schwanenwik 38 | Tel. 22 70 20 11 | www.literaturhaus-hamburg.de | Bus 6 Mundsburger Brücke | Uhlenhorst*

MUSEEN

FREILICHTMUSEUM AM KIEKEBERG [152 C4]

In diesem Museum zahlen Kinder und Jugendliche unter 18 Jahren keinen Eintritt und können viel entdecken: wie Pommersche Gänse aussehen, wie man früher schmiedete oder webte – ja überhaupt, wie unsere Vorfahren in der Lüneburger Heide lebten. 30 historische Gebäude erzählen vom Leben zwischen 1600 und den 1950-er Jahren, und überall gilt: anfassen ist erlaubt! Oft kann man den Mitarbeitern beim handwerken zusehen. Erwachsene zahlen 7 Euro. *Nov.–Feb. Di–So 10–16, März–Okt. Di–Fr 9–17, Sa, So und Feiertags 10–18 Uhr | Am Kiekeberg 1 | Tel. 790 17 60 | www.kiekeberg-museum.de | Bus 340, 4244 Museum Kiekeberg | Rosengarten*

KUNSTHALLE [131 F2]

Die Hamburger Kunsthalle bietet nicht nur gut bezahlbare Ferienprogramme, sondern samstags auch ein tolles Angebot für Familien: Für 11 Euro mit der ganzen Familie (1 Erwachsener mit Kindern 6 Euro) können die Großen sich in Ruhe der Kunst widmen, während der Nachwuchs (4–12 Jahre) mit Museumspädagogen loszieht, um Kunst zu betrachten und selbst welche herzustellen. *Am Sa 1 Erw. mit Kindern 11 Euro | Sa 14–17 Uhr | Galerie der Gegenwart | Glockengießerwall | Tel. 428 13 12 13 | www.hamburger-kunsthalle.de | U- und S-Bahnen Hauptbahnhof | Altstadt*

ZOOLOGISCHES MUSEUM DER UNIVERSITÄT HAMBURG [140 B5] Insider Tipp

Gleich am Eingang wartet auf Besucher das Wiedersehen mit Antje, dem 120 Kilo schweren Walross, das über 20 Jahre NDR-Maskottchen war und

2003 starb. Die Tiere im zoologischen Museum sind – wie Antje – allesamt präpariert. Angestaubt ist die Ausstellung trotzdem nicht, sondern für Eltern mit Kindern ein abwechslungsreicher, lebendiger Ausflug in die wunderliche Welt der Tiere: Skelette und Gebisse von Walen, Raubkatzen und viele ganz kleine Krabbeltiere – mit rund 10 Millionen (!) Tierpräparaten von fast 90 000 Tierarten ist das Zoologische Museum Hamburg eines der wichtigsten in Deutschland. Der Eintritt ist frei. Tipp: Nehmen Sie Papier und Stifte mit – die Tiere halten garantiert still und lassen sich dementsprechend auch schön malen. *Eintritt frei | Di–So 10–17 Uhr, feiertags geschlossen | Martin-Luther-King-Platz 3 | Tel. 428 38 38 80 | U2, 3 Schlump | Rotherbaum*

PARKS & NATUR

BOBERGER SEE [153 D3]

Er entstand 1950, weil man Kies für die A1 brauchte: Der Boberger See liegt im Naturschutzgebiet Boberger Niederung und bietet Strand und Sanddünen. Der Badestrand am Nordostufer ist für Familien geeignet – an schönen Sommertagen ein Ganztages-Ausflugsziel. Die Landschaft im Südosten der Hansestadt ist eine der artenreichsten Hamburgs. Auf ausgewiesenen Liegeflächen, etwa am See, darf man sich's gemütlich machen, ansonsten gilt: auf den

CLEVER!

> Umsonst plantschen

Zahlreiche Spielplätze bieten im Sommer große Plantschbecken oder Spielmöglichkeiten an der Wasserpumpe. Die Becken werden im Hochsommer regelmäßig gereinigt bzw. neu eingelassen. Schöne Bademöglichkeiten gibt es z. B. im Haynspark *(U1 Hudtwalckerstraße)*, beim großen Spielplatz im Stadtpark *(U3 Borgweg)* oder im Park am Weiher (*Bus 20, 25 Goebenstraße*). Wasserspiele mit Pumpe stehen auf dem Spielplatz Planten un Blomen *(U1 Stephansplatz)* sowie im Innocentiapark *(U3 Hoheluftbrücke)*. In Betrieb sind die Anlagen aber nicht immer schon gleich am ersten schönen Sommertag!

Wegen bleiben. *Eintritt frei | Zugang z. B. über Billwerder Billdeich | Bus 330 Billwerder Kirche*

NIENDORFER GEHEGE [133 E3]

Hier kann man mitunter vergessen, dass man mitten in der Stadt ist: 142 ha ist das Niendorfer Gehege groß und somit das größte zusammenhängende Waldgebiet des Bezirkes Eimsbüttel. Im Niendorfer Gehege gehen die Hamburger joggen, spazieren, reiten – und die Kinder füttern mit mitgebrachten Apfelschalen die Hirsche des Wildgeheges. Danach geht's noch eine Runde toben, und zwar auf den sonnigen, in einer Waldlichtung gelegenen Spielplatz mit extra-breiter Rutsche und Holzklettergerüsten. *Eintritt frei | U2 Niendorf Markt | Niendorf*

SCHWIMMBÄDER

FESTLAND [147 F3]

Achtung, Dinos am Wasser: Das Festland punktet mit Deutschlands größter Wasserspiellandschaft, die 900 m^2 groß ist, konzipiert speziell für größere Kinder bis zwölf Jahre. Am Beckenrand haben sich Urzeit-Riesen breit gemacht – praktisch, so eine Wasserstelle, die nicht versiegt. Außerdem gibt es im Festland eine Rutsche und geheimnisvolle Höhlengänge. Eine vierköpfige Familie bezahlt für 3 Stunden 14,70 Euro. *Mo–Fr 9–23, Sa und So 10–23 Uhr | Holstenstraße 30 | www.baederland.de | S1, S3 Reeperbahn | Altona*

FREIZEITBAD-BONDENWALD [133 E1]

Ideal, um einen Regennachmittag mit kleinen Kindern zu verbringen. Das Bondenwald-Bad hat einen eigenen Kleinkindbereich, in dem die Zeit für kleine Leute – und damit auch für große – wie im Flug vergeht. Weitere Highlights: ein ganzjährig nutzbares Außenbecken mit Strömungskanal und im Sommer ein 50-Meter-Becken mit Rutsche sowie ein Kinder- und Matschspielplatz. Eine vierköpfige Familie zahlt für 3 Std. 14,70 Euro. *Sept.–April So–Mi 9–22, Do–Sa 9–23, Mai–August tgl. 9–22 Uhr | Friedrich-Ebert-Straße 71 | www.baederland.de | Bus 5 Freizeitbad Bondenwald | Niendorf*

KAIFU-BAD [140 B4]

Citynahes Schwimmbad mit großem Freibad-Bereich: Es gibt draußen ein Kleinkind-Plantschbecken mit Rutsche und wasserspeienden Tieren so-

wie ein beheiztes Ganzjahres-Außenbecken und ein 50-Meter-Becken für Schwimmer. Das Kaifu-Bad ist Hamburgs ältestes Schwimmbad, im Innenbereich vor einigen Jahren komplett renoviert. Schöne Liegeplätze auf der Wiese. Eintritt für eine 4-köpfige Familie: 11,40 Euro. *Mo–Fr 9–24, Sa und So 10–23 Uhr | Hohe Weide 15 | www.baederland.de | U2 Christuskirche | Eimsbüttel*

SHOPPING

KINDER KAUFHAUS SECONDINO [140 B4]

Eckhard Kretschmer hat den Second-Hand-Laden 2006 übernommen und umgestaltet. Gebrauchte Kinderkleidung und Schwangerschaftsmode gehören weiterhin zum Sortiment, aber das meiste ist nun Neuware, allerdings oft welche zu Sonderpreisen: Kinderwagen von ABC Design oder Chic4Baby bezieht Kretschmer günstig, indem er Restbestände aufkauft. Auch die dänischen Marken Pippi und CelaVi gibt es um 50 Prozent ermäßigt. Kretschmers Spezialgebiet sind Tragesysteme. Praktisch: Man kann Reisebetten (12 Euro pro Woche), Kinderwagen und Stubenwagen (6 Euro pro Woche) auch ausleihen. *Mo 12–18, Di–Fr 10–18, Sa 11–16 Uhr | Grindelallee 184 | Tel. 41 76 21 | www.secondino-hamburg.de | Bus 5, 15, Bezirksamt Eimsbüttel | Harvestehude*

ZWERGENAUFSTAND [139 E4]

Kinderwagen, Kleidung, Bücher und Spiele: Bei Zwergenaufstand in Eimsbüttel gibt's für Kinder Sachen aus zweiter Hand. Wer ein bisschen stöbert, der kann in dem kleinen, verwinkelten Laden das eine oder andere Schnäppchen machen. Markenjeans z. B. kosten 6 bis 10 Euro. Bei den Spielen und Büchern findet man viele bekannte Titel (Astrid Lindgren, „4 erste Spiele" von Ravensburger, etc.). Auch Kinderwagen, Laufräder und Buggies stehen zum Verkauf. Die Preise sind – vor allem für Markenklamotten – wirklich moderat, die Sachen kosten etwa ein Drittel des Neupreises. *Mo–Fr 10–18.30, Sa 10–14 Uhr | Lappenbergsallee 29 | Tel. 89 06 27 63 | www.second-hand-zwergenaufstand.de | Bus 4 Apostelkirche | Eimsbüttel*

SPIELPLÄTZE

PLANTEN UN BLOMEN [148 B2–C2]

Die Großen können hier Pflanzen gucken, aber so richtig viel Programm

Bild: viel Platz zum Klettern und Toben – Spielplatz Planten un Blomen bietet Planten un Blomen Kindern, vor allem zwischen Mai und Ende August. Neben einem riesigen, tollen Spielplatz gibt's dann nämlich den Kinder-Sommer: Theater, Verkehrskasper, Töpfern für Kinder ab vier Jahren – alles kostenfrei. Lediglich fürs Trampolin-Springen (10 Min./1 Euro) und fürs Ponyreiten (2 Euro) müssen Eltern bezahlen. *Eintritt frei | U1 Stephansplatz | City*

STADTPARK [141 E1–F1]

Dieser riesige Spielplatz liegt mitten im Stadtpark und hat einfach alles, was man für einen perfekten Familientag braucht: Kleinkindgeräte, Klettergerüste, Seilbahn, Beachvolleyball-Feld für Größere, dazu ein enormes Plantschbecken mit einem Sandstreifen drum herum und ein Restaurant-Café, WC und Imbiss direkt daneben. *Eintritt frei | U3 Borgweg | Winterhude*

TIERE & MEHR

BAUSPIELPLATZ EPPENDORF [140 C1]

Meerschweinchen, Ziegen und Hühner beobachten, Kettcar fahren und (im Sommer) auf dem Traktoranhänger eine Runde durch den Eppendorfer Park tuckern: Auf dem Bauspielplatz Eppendorf e.V. wird vor allem für kleine Kinder viel Spannendes geboten. Die Angebote sind fast alle kostenlos, man kann den Verein aber als Mitglied mit 6 Euro im Jahr (oder

CLEVER!

> Hamburger Familienpass

Er gilt leider nur für Familien mit erstem Wohnsitz in Hamburg, aber für die lohnt er sich eigentlich immer: 5 Euro pro Jahr und Familie kostet der Hamburger Familienpass, der Vergünstigungen beim Eintritt in ganz viele Museen, Theater und Freizeiteinrichtungen gewährt – übrigens auch für Theaterabende ganz ohne Kinder. Zu haben in den Kundenzentren der Bezirke gegen Vorlage der Personalausweise und Kinderpässe bzw. Geburtsurkunden. Oder online ohne Dokumente, dann dauert es aber etwas länger, weil die Daten erst mit dem Melderegister abgeglichen werden. *www.hamburg.de/familienpass*

auch mehr) unterstützen. Auf dem Wochenprogramm stehen unter anderem Töpferkurse, Basteln, Tiergruppe oder, besonders spannend, Freitag nachmittags: Stockbrot rösten am offenen Feuer. Ab und zu veranstaltet der Bauspielplatz Flohmärkte und im Sommer ein Sommerfest. *Eintritt frei | Mo–Fr 10–12.30 und 14–18 Uhr | Frickestraße 1 | Tel. 428 04 26 77 | www.baui-eppendorf.de | Bus 25 Eppendorfer Park (UKE) | Eppendorf*

KINDERBAUERNHOF KIRCHDORF E.V. [152 C3]

Ziegen, Schweine, Hasen, Ponies, Esel und andere Haustiere wohnen auf dem Kinderbauernhof in Kirchdorf Süd. Dort ist alles ein bisschen kleiner und schrabbeliger als auf einem echten Bauernhof, aber es gibt viel zu erleben. Der Eintritt ist frei, Ponyreiten (sonntags 16–17 Uhr) kostet 0,80 Euro (Helm mitbringen). Außerdem am Platz: Schaukel, Wippe und eine Rutsche, die über ein Mini-Bächlein führt. Das von einem Verein geführte Projekt entstand 1987 auf einem Wiesengelände am Rand einer Hochhaussiedlung, in erster Linie für die dort lebenden Kinder. Mittlerweile ist es ein beliebtes Ausflugsziel für Hamburger Familien aus allen Stadtteilen, und zwar rund um die gesamte Woche. *Eintritt frei | tgl. 10–18 Uhr | Stübenhofer Weg 19 | Tel. 750 84 84 | www.kibaho.com | Bus 152 Stübenhofer Weg | Kirchdorf Süd*

WILDPARK SCHWARZE BERGE [152 C4]

Deutlich günstiger und bestimmt nicht weniger spannend als ein Zoo: Im Wildpark Schwarze Berge südlich von Hamburg dürfen die Kleinen mit Futter aus dem Automaten viele Tiere füttern, Braunbären und Wölfe beobachten, ein abgedunkeltes Fledermaus-Haus besuchen, Rehe und Hirsche aus nächster Nähe erleben und anderes mehr. Weitere Highlights: eine Greifvögel-Flugschau, das beliebte Streichelgehege für die Kleinen und eine Köhlerhütte, in der man ganz rustikal mitgebrachte oder vor Ort eingekaufte Würstchen grillen kann. Erw. zahlen 7,50, Kinder (3–14 Jahre) 5,50 Euro. *April–Okt. 8–18, Nov.–März 9–17 Uhr | Am Wildpark 1 | Tel. 81 97 74 70 | www.wildpark-schwarze-berge.de | Bus 340 Wildpark Schwarze Berge | Rosengarten*

KARTENLEGENDE

Bebaute Fläche	Built-up area	Terrain bâti
Öffentliche Gebäude	Public Building	Bâtiment public
Industriegelände	Industrial area	Zone industrielle
Wald	Wood	Bois
Park	Park	Parc
Sportplatz	Sports field	Terrain de sports
Kleingarten	Allotment ground	Jardins particuliers
Autobahn	Motorway	Autoroute
und Schnellstr.	Motorroad	Route à plusieurs voies
Bundesstraße	National road	Route nationale
Ring 1, 2, 3	Traffic-Ring	Boulevard périphérique
Hauptstraße	Main road	Route principale
Eisenbahn	Railway	Chemin de fer
S-Bahn	Suburban railway	Train regional
U-Bahn	Underground	Métro
Einbahnstraße	One way street	Sens unique
Buslinie	Bus route	Autobus
Fußgängerzone	Pedestrian precinct	Zone piétonne
Ev. -	Protestant church	Église protestante
Kath. Kirche	Catholic church	Église catholique
Sonstige Kirchen	Other churches	Autres Églises
Post	Post office	Bureau de poste
Polizeiwache	Police Station	Poste de Police
Krankenhaus	Hospital	Hôpital
Schule	School	École
Öffentliche Bibliothek	Public library	Bibliothèque publique
Feuerwache	Fire station	Poste de pompiers
Park and Ride	Parkplatz an S- und U-Bahnhöfen	
Theater	Theatre	Théâtre
Hallenbad	Indoor swimming pool	Piscine couverte
Freibad	Open-air swimming pool	Piscine de plain air
Informationsbüro	Information centre	Bureau de renseignements

Die Kartenprojektion (Hyperboloid)
bewirkt eine Maßstabsveränderung von der Innenstadt zu den Außenbezirken. Dadurch kann das Stadtzentrum lesbarer dargestellt werden (Lupeneffekt). Das schwarze Gitternetz dient zum Messen der Entfernungen; der Abstand von Linie zu Linie beträgt genau einen Kilometer.

CITYATLAS HAMBURG

> Auf den Seiten 128/129 finden Sie eine *Übersichtskarte* mit den 10 wichtigsten Sehenswürdigkeiten.

> Eine *Umgebungskarte* vom Großraum Hamburg befindet sich auf den Seiten 152/153.

> Das *Straßenregister* (ab Seite 154) enthält eine Auswahl der im Cityatlas dargestellten Straßen und Plätze.

HAMBURG IM ÜBERBLICK

> *Stadtviertel zur Orientierung*

★ **NICHT VERPASSEN: Die Top 10 der besten Sehenswürdigkeiten (Die Beschreibungen finden Sie auf den Seiten 14 und 15)**

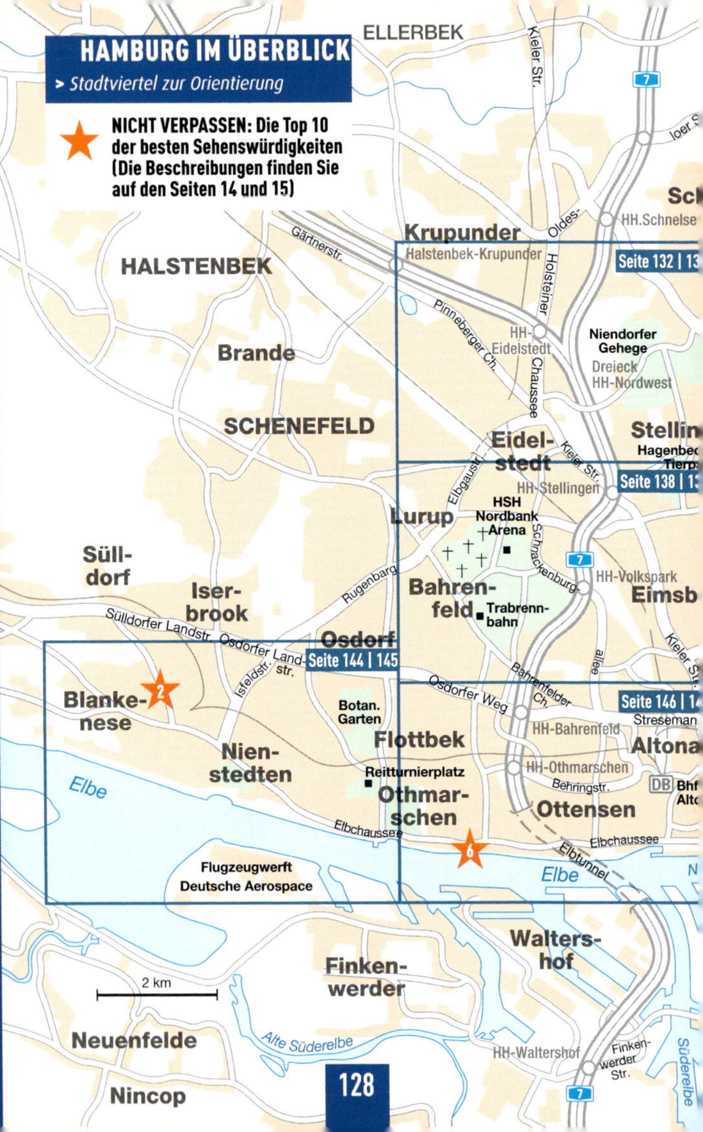

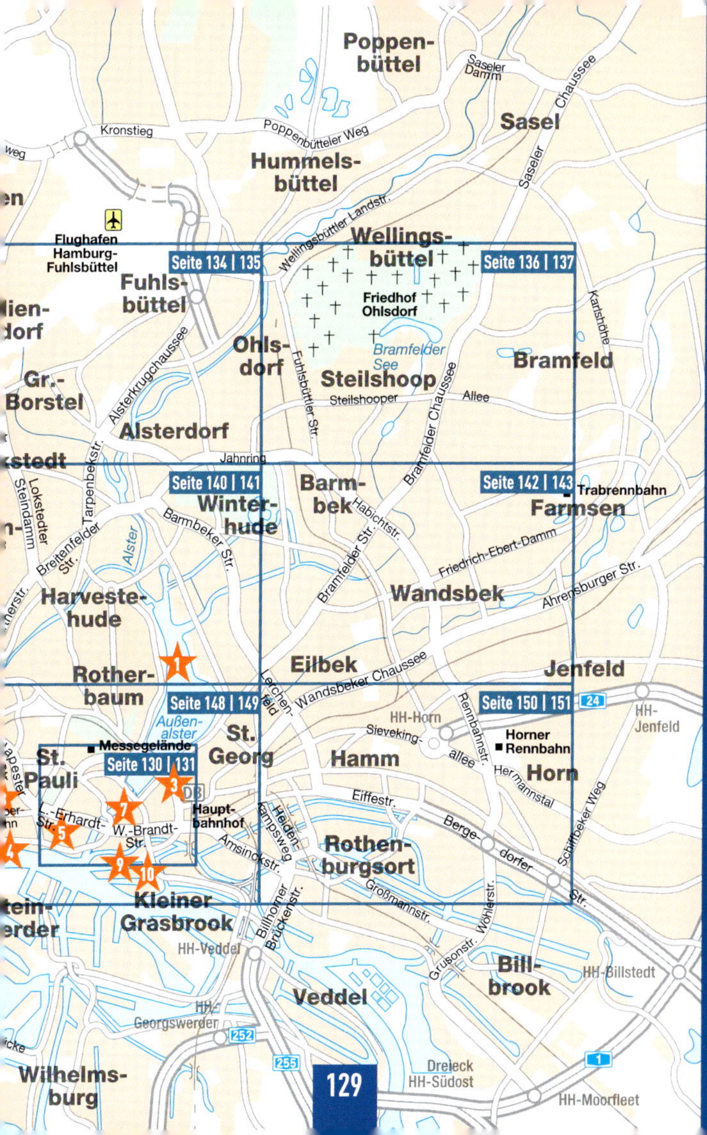
Poppen-büttel
Saseler Damm
Saseler Chaussee
Sasel
Kronstieg
Poppenbütteler Weg
Hummels-büttel
Flughafen Hamburg-Fuhlsbüttel
Wellingsbütteler Landstr.
Wellings-büttel
Seite 134 | 135
Seite 136 | 137
Fuhls-büttel
Friedhof Ohlsdorf
Karlshöhe
Ohls-dorf
Fuhlsbüttler Str.
Bramfelder See
Bramfeld
Gr.-Borstel
Alsterkrugchaussee
Steilshoop
Steilshooper Allee
Alsterdorf
Bramfelder Chaussee
Jahnring
Tarpenbekstr.
Lokstedter Steindamm
Seite 140 | 141
Seite 142 | 143
Barm-bek
Trabrennbahn
Winter-hude
Farmsen
Habichtstr.
Breitenfelder Str.
Alster
Barmbeker Str.
Friedrich-Ebert-Damm
Bramfelder Str.
Ahrensburger Str.
Harveste-hude
Wandsbek
Eilbek
Jenfeld
Rother-baum
Wandsbeker Chaussee
Lerchenfeld
Rennbahnstr.
Seite 148 | 149
Seite 150 | 151
24
HH-Jenfeld
Außen-alster
St. Georg
HH-Horn
Sieveking-allee
Horner Rennbahn
Messegelände
St. Pauli
Seite 130 | 131
Hamm
Hermannstal
Horn
DB
Eiffestr.
Schiffbeker Weg
Haupt-bahnhof
Heidenkampsweg
L.-Erhardt-Str.
W.-Brandt-Str.
Bergedorfer Str.
Amsinckstr.
Rothen-burgsort
Großmannstr.
Kleiner Grasbrook
Billhorner Brückenstr.
Wöhlerstr.
HH-Veddel
Grusonstr.
Bill-brook
HH-Billstedt
Veddel
HH-Georgswerder
252
255
Wilhelms-burg
Dreieck HH-Südost
1
HH-Moorfleet
1
3
4
5
7
9
10

A
B
C
1
2
3
4
5
148
MESSEHALLEN
Kirchhöfen
Law School
Alter Botanischer Garten
STEPHANSPLATZ
Uni Physikal. Inst.
JUNGIUS-
Untersuchungsgefängnis
Strafjustizgebäude
Kleine Wallanlagen
Karolinenplatz
Markt-
Mathildenstr.
Glashütten
FELD-STR.
HOLSTENTOR
Ob.-Landesger.
SIEVEKING PL.
GORCH-FOCK-WALL
Staatsanw.
Dammtor
Landesjustizverw.
Drehbahn
Deutschlandhaus
GÄNSEMARKT
Laeiszhalle
Unileverhaus
Joh.-Brahms-Pl.
Dragonerstall
Valentinskamp
CAFFAMACHERREIHE
Ziviljustizgeb.
Große Wallanlagen
GLACISCHAUSSEE
Eis- u. Rollschuhbahn
HOLSTENWALL
KAISER-WILHELM-STR.
NEUSTADT
Speckstr.
St. Anscharplatz
Finanzbehörde
Neue ABC-Str.
ABC-Str.
Gerhofstr.
Post
Ladenpassage
Hanse Viertel
Poolstr.
Pilatuspool
Kurze Str.
Neustädter Str.
Kohlhöfen
Breiter Gang
Bäckerbreitergang
Springerhaus
Amelungstr.
A.-Springer-Pl.
FUHLENTWIETE
Hohe Bleichen
Bleichenhof
Handwerkskammer
Hütten
Encke pl.
J.-Valkenburg-Str.
Rademachergang
Kornträgergang
Peterstr.
Neanderstr.
Markusstr.
Gr. Trampgang
Thielbek
Brüderstr.
Großneumarkt
Wexstr.
Steinwegpassage
D.-Jap. Handelszentr.
Behörde für Wirtschaft
Bleichen-br.
Wall
STADTHAUSBR.
Neuer Steinweg
Alter Steinweg
Erste Brunnenstr.
Michaelispassage
Ellerntorbr.
Fleet-
Museum f. Hamburg. Geschichte
anlagen
MILLERNTORDAMM
ZEUGHAUSMKT.
LUDWIG-ERHARD-STR.
Church of England
St. Michaelis-K.
Gerstäckerstr.
Engl. Planke
Krayenkamp
Teilfeld
Michaelisstr.
Kl. Michaelisk.
Herrengrabenbr.
Slamatjenbr.
Neuer Wall
Graskellerbr.
Alsterfleet
Heiligengeistbr.
Ob. Finanzdir.
RÖDINGSMARKT
WILLY-
Mönkedamm
Görttw.
Burstah
Bismarck-denkmal
HELGOLÄNDER ALLEE
Elbpavillon
Neumayerstr.
Zeughausstr.
Rothesoodstr.
Böhmkenstr.
Krameramtsst.
Winckler str.
M.-Luther-Str.
Pulverturmsbr.
Admiralitätstr.
Herrlichkeit
Kersten Miles Br.
Seewartenstr.
Venusberg
Alfr.-Wegener-W.
Norw. Seemanns-K.
Dän. Seemannsk.
Jakobstr.
Hohler W.
Anberg
Rehhoffstr.
Pasmannstr.
Herrengraben
Stintfang
Jugendherberge
Finn. Seemanns-K.
Eichholz
Kuhberg
Schwed. K.
Schaarmarkt
Schaarsteinweg
Schaarsteinwegbr.
Schaartorbr.
B.A. Waisenhaus
ALTSTADT
Steintwiete
Steintwietenhof
Stubbenhuk
Schaartor
Elbhof
Steinhöft
Binnenhafenbr.
LANDUNGSBRÜCKEN
ST. PAULI LANDUNGSBR.
Ditmar-Koel-Str.
Bauerknechtgraben
Reimarusstr.
Rambach
Neuer Steinweg
Neust.
Am Baumwall
Karpfangerstr.
Hullstr.
Roosenbr.
Gruner u. Jahr Pressehs.
Wolfgangsw.
JOHANNISBOLLWERK
Museumsschiff Rickmer Rickmers
VORSETZEN
BAUMWALL
O. SILL BR.
KAJEN
HOHE BR.
Cremon
Nikolaifleet
Deichstr.
Binnenhafen
200 m
Kehrwiedersteg
Kehrwieder
Niederbaumbr.
ELBE
Zoll
Gewürz-Mus.
Miniatur Wunderland
B. D. NEUE KRAN
Brookbr.
HMI

D
E
F
149
Außenalster
1 Siegfried-Wedells-Platz
Alsterufer
KENNEDYBRÜCKE
AN DER ALSTER
ST. GEORG
LOMBARDSBRÜCKE
FERDINANDSTOR
Binnenalster
Neuer Jungfernstieg
Alsterpavillon
Canada Haus
Alsterdammhaus
Kirchdorfhaus
Hapag-Haus
Galerie der Gegenwart
Kunsthalle
GLOCKENGIESSERWALL
E.-MERCK-STR.
KIRCHENALLEE
HAUPTBF. NORD
HAUPTBF.
St. Georgs Kirchhof
JUNGFERNSTIEG
Europa Passage
Ballindamm
Alsterarkaden
Rathausmarkt
RATHAUS
Mönckeberg
MÖNCKEBERGSTR.
STEINTOR
STEINTORWALL
STEINSTR.
ALTMANNBR.
Park Hyatt
Finanzamt
HVV
Tourismuszentrale
Spitaler
Semperhaus
Landesbank Galerie
Gerhart-Hauptmann-Pl.
KLOSTERWALL
Markthalle
Chilehaus
Sprinkenhof
Burchard
DEICHTOR-PL.
Deichtortunnel
Nordhalle
Deichtorhallen
Südhalle
Dom-platz
DOM
Reichen str.
Kl.Reichenstr.
Afrikahaus
MESSBERG
BRANDT-
DOVENFLEET
ZIPPELHAUS
Katharinen
Zollkanal
Alter Wandrahm
BROOKTORKAI
OBERBAUMBR.
Oberhafen
Ericus spitze
Ericusgraben
Stockmeyerstr.
Oberhafenbrücke
Poggenmühle
Shanghai-brücke
Brooktorhfn.
Brooktorkaibrücke
Magdeburg. Str.
Lohsepl.
HAFEN-CITY
149
St. Annen
Pickhuben
SANDTORKAI
Brooksfleet
Kaffee-pl.
Singapurstr.
Kibbelstegbr.
MÜHREN
Katharinenfleet
Speicherstadt
AM SANDTORKAI
OSAKAALLEE
R30 R40 R50
1
2
3
4
5

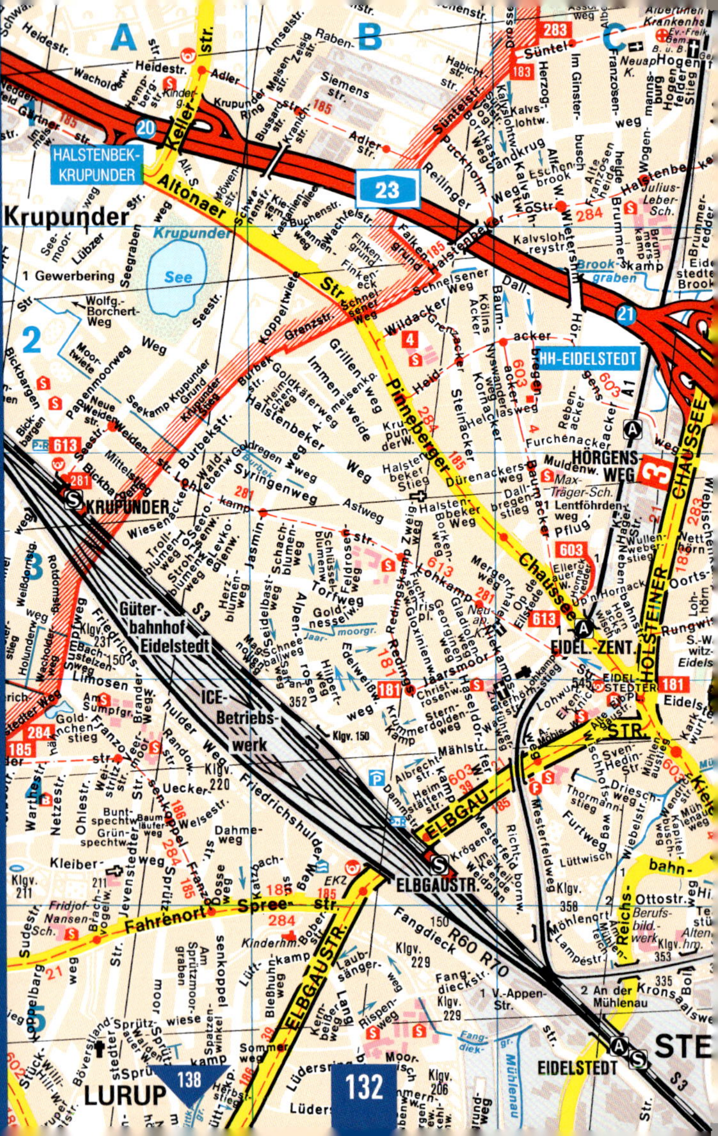
A
B
C
1
2
3
4
5
HALSTENBEK-KRUPUNDER
HH-EIDELSTEDT
Krupunder
Krupunder See
KRUPUNDER
HÖRGENSWEG
EIDEL.-ZENT.
ELBGAUSTR.
EIDELSTEDT
LURUP
Güterbahnhof Eidelstedt
ICE-Betriebswerk
Altonaer Str.
Pinneberger Chaussee
Holsteiner Chaussee
Elbgaustr.
Fahrenort
Spreestr.
Friedrichshulder Weg
Halstenbeker Weg
Syringenweg
Redingskamp
Lohkamp
Dürenackersweg
Furchenacker
Sünteltstr.
Reichsbahnstr.
Fangdieckstr.
Kieler Str.
Bickbargen
Seekamp
Papenmoorweg
Grenzstr.
Koppeltwiete
1 Gewerbering
Wolfg.-Borchert-Weg
Max-Träger-Sch.
Julius-Leber-Sch.
Berufsbild.-werk
Brookgraben
Mühlenau
A1
A23
20
21
23
3
R60 R70
S3
138
132

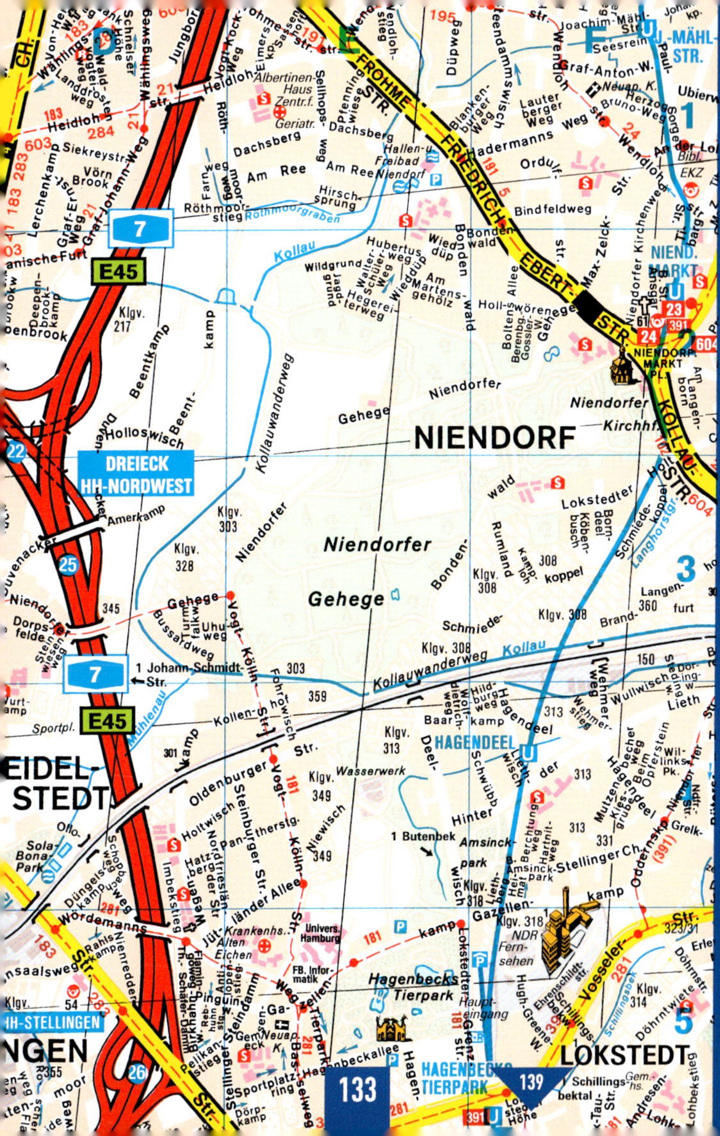
NIENDORF
Niendorfer
Gehege
DREIECK
HH-NORDWEST
EIDEL-
STEDT
LOKSTEDT
HH-STELLINGEN
HAGENDEEL
NIEND.
MARKT
NIENDORF
MARKT
PL.
J.-MÄHL-
STR.
HAGENBECKS
TIERPARK
Hagenbecks
Tierpark
FROHME-
STR.
FRIEDRICH-
EBERT-
STR.
KOLLAU-
STR.
Vogt-Kölln-Str.
Kollauwanderweg
Kollau
Mühlenau
Röthmoorgraben
Schillingsbek
Heidloh
Dachsberg
Am Ree
Hadermanns Weg
Bindfeldweg
Max-Zelck-Str.
Niendorfer Kirchenweg
Wendloh
Lokstedter Str.
Oldenburger Str.
Steinburger Str.
Wördemanns Weg
Vosseler Str.
Gazellenkamp
Sola-Bona-Park
Kollen-Str.
Hagendeel
Schwübbe
Hinter der Lieth
Amsinckpark
NDR Fernsehen
Wasserwerk
Univers. Hamburg
FB. Informatik
Krankenhs. Alten Eichen
Albertinen-Haus Zentr.f. Geriatr.
Hallen-u. Freibad Niendorf
Hugh-Greene-W.
Schillingsbektal
Hagenbeckallee
Bindfeldweg
Holloswisch
Beentkamp
Amerkamp
Bussardweg
Johann-Schmidt-Str.
Gehege
Sportpl.
Klgv. 308
Klgv. 313
7
E45
22
25
26
1
3
5
139

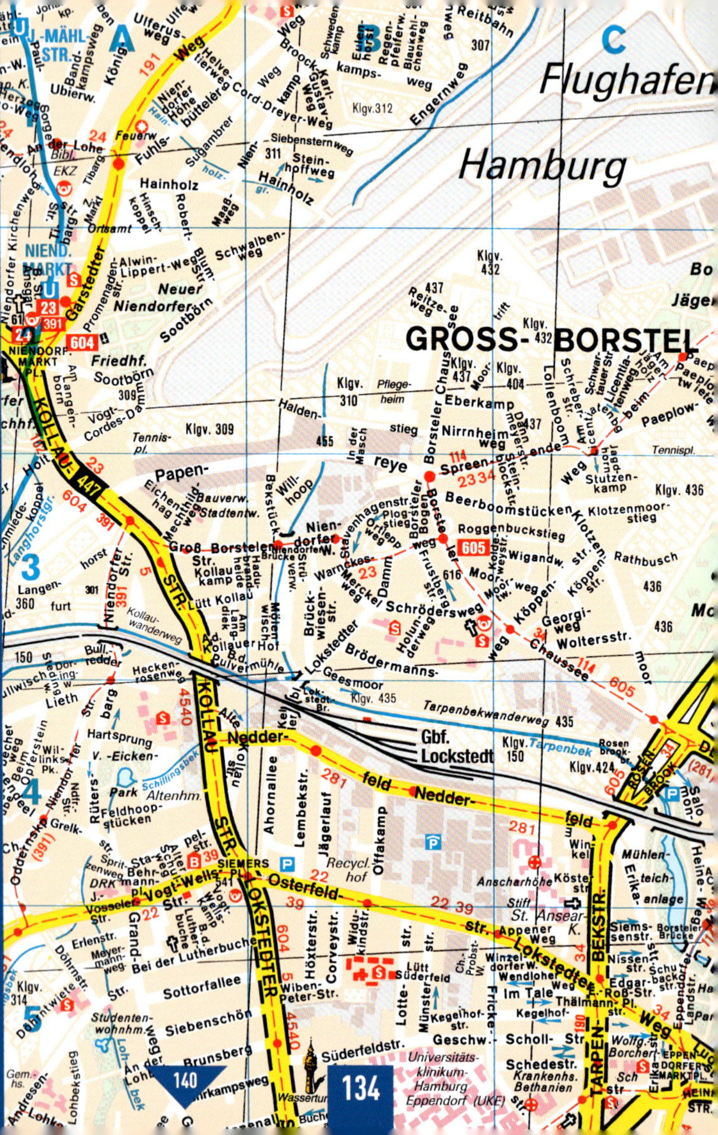

A
B
C
Flughafen
Hamburg
GROSS-BORSTEL
J.-MÄHL-STR.
NIEND. MARKT
NIENDORF. MARKT PL.
Ulferus-weg
Helvetierweg
Cord-Dreyer-Weg
Broock-kamp
Karl-Gustav-Weg
Schwedenkamp
Eulenhorst
Regenpfeiferweg
Blaukehlchenweg
Reitbahn
Engernweg
Klgv. 312
Siebensternweg
Steinhoffweg
Hainholz
Sugambrer
Fuhls-
Feuerw.
An der Lohe
Bibl.
EKZ
Tibarg
Ortsamt
Garstedter
Alwin-Lippert-Weg
Schwalbenweg
Neuer Niendorfer Sootbörn
Friedhf. Sootbörn
Promenadenstr.
Ubierw.
Bandkampsweg
König-
Niendorfer Kirchenweg
Klgv. 432
Reitzeweg
Klgv. 437
Pflegeheim
Klgv. 310
Halden-stieg
Eberkamp
Nirrnheimweg
Lollenboom
Schreberstr.
Licentiatenweg
Paeplow-weg
Tennispl.
Papenreye
Klgv. 309
Vogt-Cordes-Damm
Tennispl.
Borsteler Chaussee
Spreenende
Stutzenkamp
Klgv. 436
Beerboomstücken
Klotzenmoorstieg
Roggenbuckstieg
Wigandw.
Rathbusch
Klotzenmoor
Köppenstr.
Georgiweg
Woltersstr.
Niendorfer Weg
Stavenhagenstr.
Warnckesweg
Mercks Weg
Schrödersweg
Holunderweg
Brödermannsweg
Geesmoor
Klgv. 435
Tarpenbekwanderweg
Gbf. Lockstedt
Rosenbrook
Klgv. 150
Klgv. 424
Groß Borstel
Kollau-kamp
Lütt Kollau
Kollauwanderweg
Mechthildweg
Eichenhag
Bauverw.
Stadtentw.
Bekstück
Willhoop
Langenhorst
Langenfurt
Niendorfer Str.
KOLLAU-STR.
Bullredder
Heckenrosenweg
Lieth
Hartsprung
V.-Eicken-Park
Altenhm.
Feldhoopstücken
Rütersbarg
Nedder-feld
Ahornallee
Lembekstr.
Jägerlauf
Offakamp
Recycl. hof
SIEMERS PL.
Vogt-Wells-Str.
Osterfeldstr.
LOKSTEDTER STEINDAMM
Grandweg
Bei der Lutherbuche
Sottorfallee
Siebenschön
Brunsberg
Döhrnstr.
Erlenstr.
Höxterstr.
Corveystr.
Widukindstr.
Lottestr.
Münsterstr.
Fricke-
Süderfeldstr.
Universitätsklinikum Hamburg Eppendorf (UKE)
Anscharhöhe
St. Ansear K.
Appener Weg
Wendloher Weg
Im Tale
Thälmann-Pl.
Kegelhofstr.
Geschw.-Scholl-Str.
Schedestr.
Krankenhs. Bethanien
TARPENBEKSTR.
Mühlenteichanlage
Nissenstr.
Edgar-Roß-Str.
Wolfg.-Borchert-
EPPENDORFER MARKTPL.
Klgv. 314
Studentenwohnhm.
Wassertum
140
134

D
E
F
1
2
3
4
5
Geschäfts-fliegerzentr.
Polizei-Hubschrauberstaffel
Jäger
beim
Weg
Sportallee
Obenhauptstr.
Airbus-Airspares
Heselstücken
Ratsmühlendamm
Röntgenstr.
Hamburger Strafanstalt Fuhlsbüttel
Maienweg
Sengelmannstr.
Suhrenkamp
Nesselstr.
Pflegeh. Alsterberg
Feuerwehr
Hindenburgstr.
Am Brabandkanal
Brabandstr.
Sengelmannbrücke
Rathenaustr.
Elisabeth-Flügge-Str.
Jugendhm.
Bodelschwinghstr.
St.-Nikolaus-K.
Ev. Stiftung Alsterdorf
ALSTERDORF
Alster
Alsterkrug
CHAUSSEE
ALSTERKRUG
Alsterdorfer Str.
Alsterdorfer Brücke
Skagerrakbrücke
Skagerrakkanal
Wolffsonbrücke
Rathenaubrücke
Carl-Cohn-Str.
Heubergredder
Bebelallee
NSG
Alsterdorfer Str.
Bilser Str.
Heilholtkamp
Winterlingstg.
Blaukissenstieg
Rotbuchenstieg
Maiglöckchenstieg
Frühlingsgarten
SENGELMANNSTR.
ALSTERDORF
Djakartaweg
Möringbogen
City-Nord
IBM
SIEMENS NIXDORF
Halifaxweg
Manilaweg
Singapurstr.
Sydneystr.
Wesselyring
Überseering
Landespolizeischule
Leichtathletikhalle
Polizeipräsidium
Polizei-kas.
Br.-Georges-Platz
Krochmannstr.
Henry-Budge-Str.
Inselstr.
Metzgerstr.
Indonesien
BRAAMKAMP
JAHNRING
Ohlsdorfer Str.
LATTENKAMP
Jahnkampfbahn
Planetarium Wasserturm
HUDTWALCKER STR.
WINTERHUDER MARKTPLATZ
HUDTWALCKERSTR.
BARMBEKER STR.
Sierichstr.
Grasweg
Brunnenhalle
Südring
Blinden-u. Sehbeh.
Stadtpark
landhaus
Stadtparksee
Planschbecken
1 Kalkuttabrücke
2 Bombaybrücke
3 Jokohamabrücke
4 Osakabrücke
5 New-York-Brücke
6 Dakarbrücke
7 Torontobrücke
8 Manilabrücke
9 Singapurbrücke
10 Sydneybrücke

141

B
C
Friedhof
Ohlsdorf
OHLSDORF
STEILSHOOP
Kapelle 8
Kapelle 7
Kapelle 6
Kapelle 2
Kapelle 4
Kapelle 3
Kapelle 10
Kap. 1
Krematorium
Kriegergräber
Krieger-Ehren-allee
Norderstr.
1 Wellingsbütteler Landstr.
Waldstr.
Teichstr.
Kapellenstr.
Ringstr.
Cordes-allee
Mittel-allee
Süd-allee
Verwaltungsgebäude
Museum
Bergstr.
Oberstr.
Redder-platz
Illandkoppel
Jüdischer Friedhf.
Fuhlsbüttler Str.
Ratsmühl.-damm
Maienweg
Alsterpark
Rübenhofstr.
Hasenberge
Hasenbergbrücke
Grüner Grunde
Talstr.
Alsterdorfer Str.
Bahnbetriebswerk
Sommerkamp
Rübenkamp
Feuerbergstr.
Wolkausweg
Ev.-Freik. Gem.
Auferst.-K.
Elisabeth-Flügge-Str.
Ev. Stiftung Alsterdorf
Alsterdorfer Mkt.
SENGELMANNSTR.
Sengelmannstr.
Handelssch.
Tesssenowweg
Fachhochsch.
Langenbeckshöh
Buekweg
Carpserweg
Zwanckweg
Steenkoppel
Bockelweg
Schmuckshöhe
Ballerstaedtw.
Kerbelweg
Salbeiweg
Eichenlohweg
Edwin-Scharff-Ring
Flintering
Gründgensstr.
Fritz-
Thymianstieg
Ruwoldtweg
Polen
Gropiusring
Fehlinghöhe
Schreyering
Cesar-Klein-Ring
Seitzweg
Hs. d. Jugend
Erich-
Borc
Bramfel
Hebebrand-str.
Hebebrandbrücke
Nordheimstr.
Steilshooper Str.
Neues Barmbeker Kkh.
Altes Kkh. ab 2006 Wohnbeb.
RÜBENKAMP
Oval-Office
Haus der Wirtschaft
Limaweg
Caracasweg
Dakarweg
Mexikoring
Überseering
JAHNRING
JAHNBR.
LAUENSTEIN STR.
Nolderling
Schwarzer Weg
Herm.-Buck-Weg
Appelhoff
Georg-Raloff-Ring
Allers Kehre
Richey-Buschkoppel
Seering
Steilshooper Str.
Plathweg
Lorichsstr.
Langenfort
Hartzlohpl.
Otto-Runge-Str.
Kernerreihe
Spechter-Str.
Wildestieg
Mildestieg
Maybachstr.
Middendorfstr.
Heinr.-Helbing-Str.
Benzstr.
Hellbrookk
Fabricius
Dieselstr.
Oertzweg
Föttinger
Hiddingaweg
Ivensweg
Wittenkamp
Freilichtbühne
Saarland
Saarlandstr.
ALTE WÖHR
Alte Wöhr
Altes stieg
Stadtpark
Stadtparksee
Schwimmbad
Gbf. Barmbek
Wasmannstr.
Emil-Janßen-Str.
Kauffm.
Schwalbenplatz
Heidhörn
Peiffersweg
Suhrsweg
BARMBEKER RINGBR.
DENNERSTR.
HABICHT
HABICHTSTR.
Südring
Saarlandbrücke
Klgv.

142

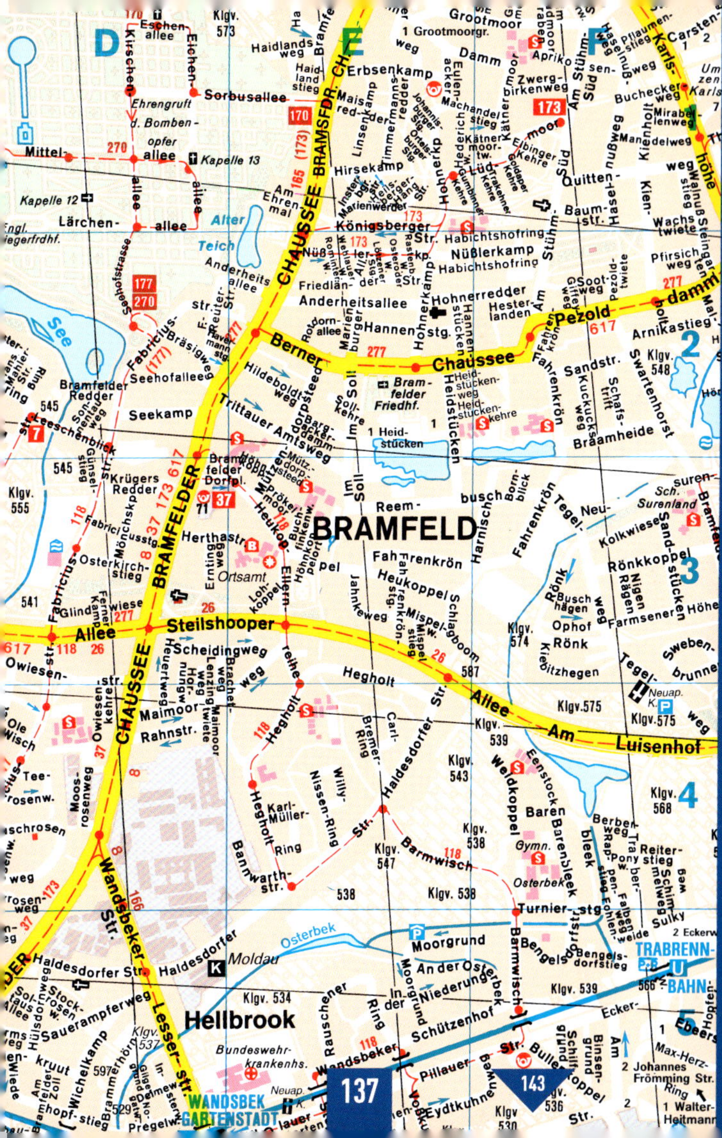

D
E
F
BRAMFELD
Hellbrook
Bramfelder Chaussee
Bramfelder Chaussee
Steilshooper Allee
Fabricius-Allee
Berner Chaussee
Pezolddamm
Am Luisenhof
Wandsbeker Str.
Lesser-Str.
Haldesdorfer Str.
Karlshöhe
Mittelallee
Sorbusallee
Eichenallee
Kirschenallee
Lärchenallee
Kapelle 12
Kapelle 13
Ehrengruft d. Bombenopfer
Alter Teich
Anderheitsallee
Seehofstrasse
Seehofallee
Bräsigweg
Seekamp
Bramfelder Redder
Leeschenblick
Trittauer Amtsweg
Krügers Redder
Mönchskoppel
Osterkirchstieg
Herthastr.
Ortsamt
Scheidingweg
Maimoor
Rahnstr.
Hegholt
Heukoppel
Fahrenkrön
Jahnkeweg
Haldesdorfer Str.
Barmwisch
Karl-Müller-Ring
Nissen-Ring
Bannwarthstr.
Bremer Ring
Weidkoppel
Eenstock
Barenbleek
Turnierstieg
Moorgrund
An der Osterbek
Schützenhof
Rauschener Ring
Osterbek
Moldau
Bundeswehr-krankenhs.
Sauerampferweg
Wichelkamp
Neuapostol. K.
WANDSBEK GARTENSTADT
TRABRENN-BAHN
Hohnerkamp
Hohnerredder
Königsberger Str.
Habichtshofring
Nüßlerkamp
Erbsenkamp
Grootmoor
Zwergbirkenweg
Quitten-weg
Haselnußweg
Kienholt
Buchecker weg
Pfirsichweg
Arnikastieg
Sandstr.
Swartenhorst
Bräamheide
Bramfelder Friedhf.
Heidstücken
Reembusch
Kolkwiese
Rönkkoppel
Surenland
Ophof
Rönk
Kleditzhegen
Tegelweg
Farmsener Höhe
Sweben-brunnen
Baren
Gymn.
Osterbek
Klgv. 573
Klgv. 548
Klgv. 555
Klgv. 574
Klgv. 575
Klgv. 539
Klgv. 543
Klgv. 538
Klgv. 547
Klgv. 568
Klgv. 534
Klgv. 537
Klgv. 536
Klgv. 530
137
143

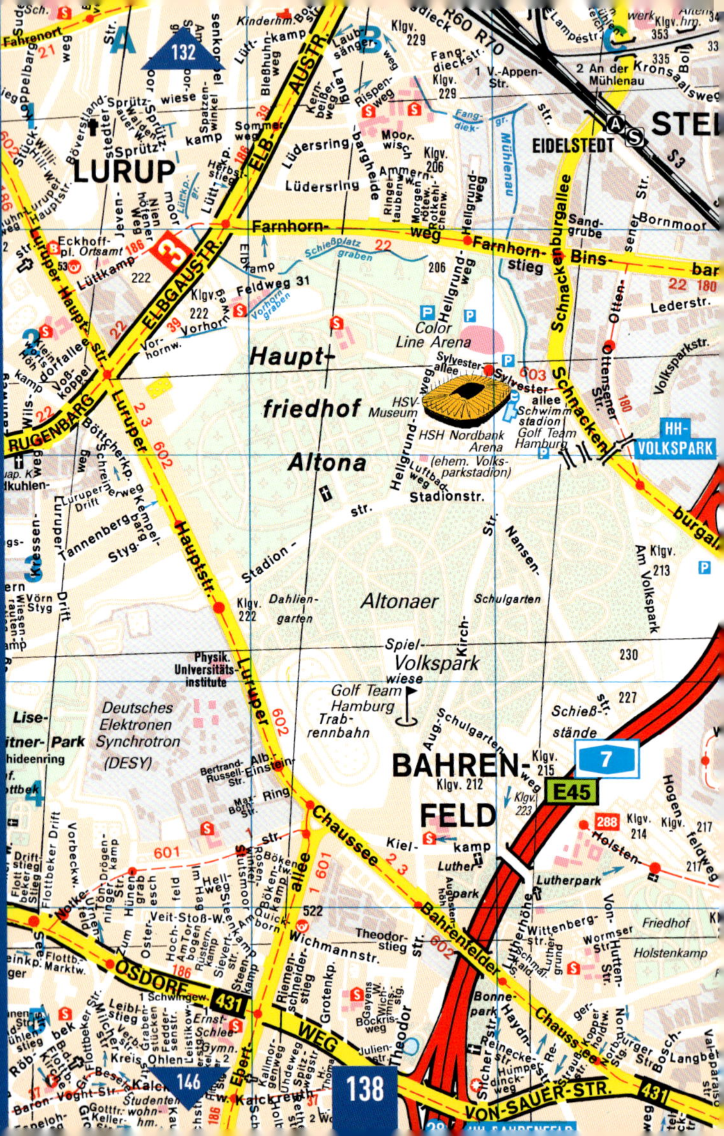
132
LURUP
EIDELSTEDT
STEL
Farnhorn-weg
Farnhorn-stieg
ELBGAUSTR.
ELB-AUSTR.
Lüdersring
Schnackenburgallee
Color Line Arena
Sylvester-allee
HSV-Museum
HSH Nordbank Arena
(ehem. Volksparkstadion)
Schwimmstadion
Golf Team Hamburg
Haupt-friedhof Altona
Stadionstr.
Lururper Hauptstr.
RUGENBARG
Altonaer Volkspark
Dahliengarten
Schulgarten
Spielwiese
Golf Team Hamburg
Trabrennbahn
Physik. Universitäts-institute
Deutsches Elektronen Synchrotron (DESY)
Lise-Meitner-Park
BAHREN-FELD
HH-VOLKSPARK
7
E45
Chaussee
Luruper Chaussee
Bahrenfelder Chaussee
Lutherpark
Friedhof Holstenkamp
Wichmannstr.
OSDORFER WEG
VON-SAUER-STR.
Stadion-str.
Am Volkspark
Nansen-str.
Otten-sener Str.
Bornmoor
Lederstr.
Volksparkstr.
146

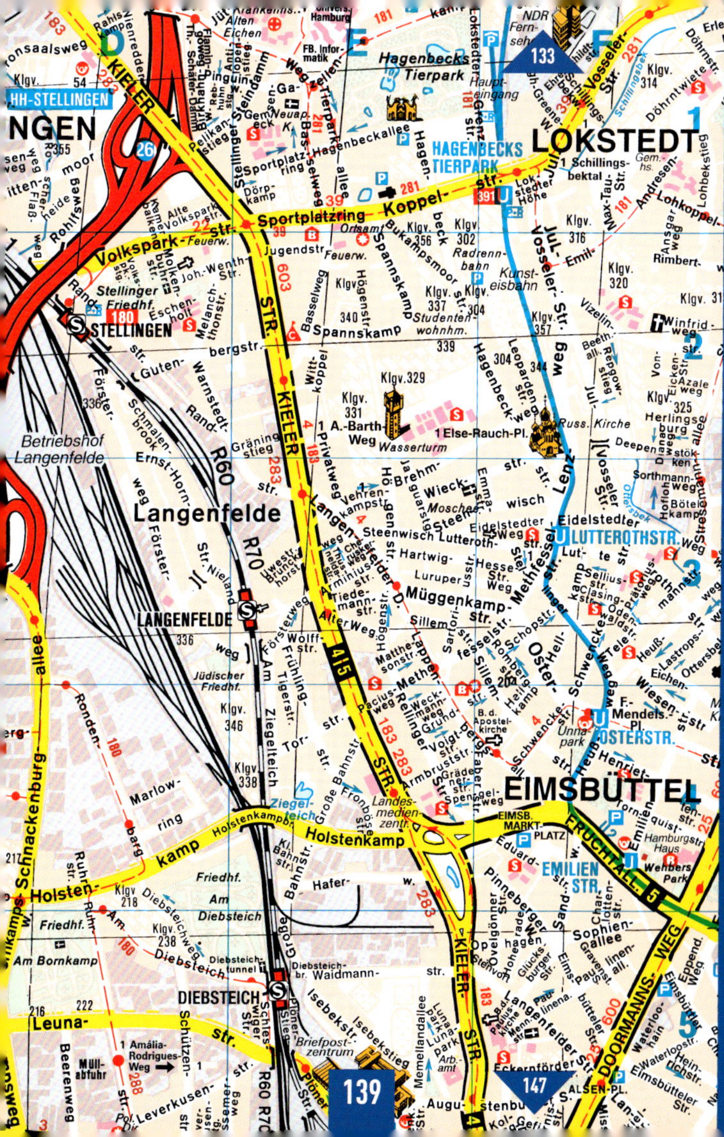

HH-STELLINGEN
LOKSTEDT
Hagenbecks Tierpark
HAGENBECKS TIERPARK
Haupt-eingang
Hagenbeckallee
Koppelstr.
Sportplatzring
Volkspark-str.
STELLINGEN
Stellinger Friedhf.
Kieler Str.
Langenfelde
Betriebshof Langenfelde
LANGENFELDE
Wasserturm
Russ. Kirche
LUTTEROTHSTR.
Müggenkamp-str.
Methfesselstr.
Osterstr.
OSTERSTR.
EIMSBÜTTEL
EIMSB. MARKT-PLATZ
EMILIEN STR.
Fruchtallee
Doormannsweg
Holstenkamp
Holstenstr.
Schnackenburgallee
Jüdischer Friedhf.
Ziegelteich
Landesmedienzentr.
DIEBSTEICH
Diebsteich
Leunastr.
Briefpostzentrum
Isebekstr.
Isebekstieg
Langenfelder Str.
Eimsbütteler Str.
Unnapark
Wasserturm
Hamburgst. Haus
Weiher Park
133
139
147

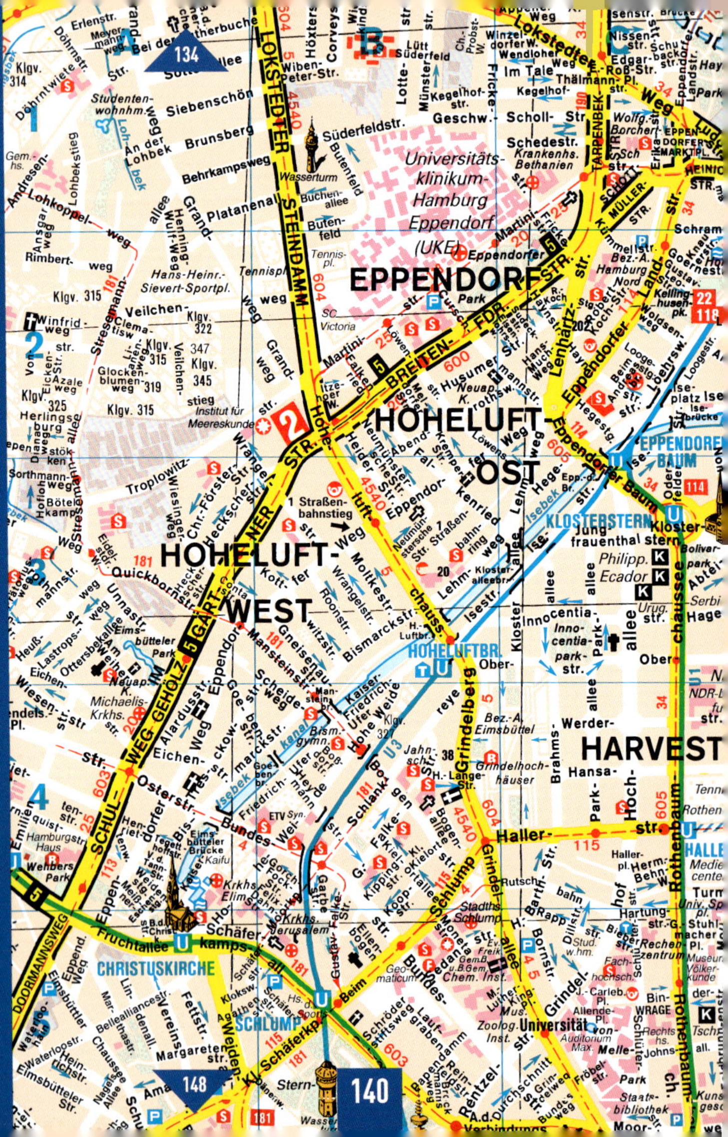

134
148
140
EPPENDORF
HOHELUFT-OST
HOHELUFT-WEST
HARVEST
Universitäts-klinikum-Hamburg Eppendorf (UKE)
LOKSTEDTER STEINDAMM
Lokstedter Weg
Hoheluftchaussee
Eppendorfer Landstr.
Eppendorfer Baum
Eppendorfer Weg
Grindelallee
Grindelberg
Rothenbaumchaussee
Hallerstr.
Schulweg
Bundesstr.
Fruchtallee
Kaiser-Friedrich-Ufer
Isebek
Isebekkanal
Wasserturm
Tennispl.
SC Victoria
Institut für Meereskunde
Hans-Heinr.-Sievert-Sportpl.
Studentenwohnhm.
Eimsbütteler Park
Michaelis-Krkhs.
Eimsbütteler Brücke
Krkhs. Elim
Krkhs. Jerusalem
Wehbers Park
EPPENDORFER BAUM
KLOSTERSTERN
HOHELUFTBR.
CHRISTUSKIRCHE
SCHLUMP
HALLERSTR.
Universität
Geomaticum
Zoolog. Inst.
Staatsbibliothek
Bez.-A. Eimsbüttel
Bez.-A. Hamburg Nord
Grindelhochhäuser
Bolivarpark
Innocentiapark
Stern-Schanze

Stadtpark
Planetarium
Wasserturm
7 Torontobrücke
8 Manilabrücke
Stadtparksee
Parksee-brücke
landhaus
Brunnen-halle
Hindenburgstr.
Südring
Grasweg
H.-Hertz-Schule
HTHC.-Sportpl.
Blinden- u. Sehbeh.-zentrum
BORGWEG
Goldbekweg
Goldbekkanal
Wiesen-damm
Wiesen-dammbr.
Studenten-wohnh.
HUDTWALCKER STR.
HUDTWALCKERSTR.
WINTERHUDER MARKT-PLATZ
Bebelallee
Himmelstr.
Ulmenstr.
Buchenstr.
BARMBEKER STR.
Sierichstr.
Flemingstr.
Gryphiusstr.
Maria-Louisen-Str.
Maria-Louisen-Stieg
SIERICHSTR.
Gref lingerstr.
Dorotheenstr.
Klgv. 422
Opitzstr.
Johanneum
Zesenstr.
Seelemannpark
Leinpfad
LLINGHUSEN
Goernestr.
Goernebrücke
Klärchenstr.
Heilwigstr.
Heise Str.
WINTERHUDE
Cäcilienstr.
Krohnskamp
Poßmoor
Heidberg
Moorfuhrtweg
Goldbekufer
Geibelstr.
Semperstr.
Forsmannstr.
Mühlenkamp
Ronddeel
Ronddeelteich
Rondeel
Sierichstr.-brücke
Dorotheenstr.-brücke
Blumenstr.
Bellevue-brücke
Agnesstr.
Maria-Louisen-Str.
Streekbrücke
Mövenstr.
Peru
Leinpfad
Andreasstr.
Wentzelstr.
Poelchaukamp
Preystr.
Gertigstr.
Peter-Marquardt-Str.
Barmbeker Straßenbr.
Osterbek
Osterbekkanal
BARMBEK-SÜD
Jarrestr.
Meerweinstr.
Großheidestr.
Semperpl.
Bachstr.
Weidestr.
Grovestr.
Fernsicht
Fernsicht-brücke
Gellertstr.
Hans-Henny-Jahnn-Weg
Stolbergstr.
Krugkoppel
Krugkoppelbrücke
Eichenpark
Frauenthal
Harvestehuder Weg
Alsterkamp
Ägypten
Sophienterr.
Standortverw. d. Bundeswehr
Scheffelstr.
Körnerstr.
Bellevue
Langenzug
Langer Zug
Grillparzerstr.
Winterhuder W.
HERDER STR.
Schumannstr.
Mozartstr.
Humboldtstr.
Beethovenstr.
Schubertstr.
Stradellakehre
Herbert-Weichmann-Str.
Schenkendorfstr.
Hofweg
Richterstr.
Zimmerstr.
Fährhaus
Moschee d. iran.
Kolonie
Karlstr.
Schöne Aussicht
Feenteich
Feenteichbrücke
G.-Freytag-Str.
Uhlenhorster Kanal
Arndtstr.
Albanien
Hertzstr.
WINTERHUDER WEG
Einkaufsz. Hambu
HUDE
Klosterstg.
Pöseldorfer Weg
Pöselsee
Pöseldorf
Alsterfährdamm
Alstervorland
Mittelweg
Böhmersweg
Brodersweg
Magdalenenstr.
Milchstr.
Chile
Hochsch. f. Musik u. Theat.
ROTHERBAUM
Argent.
U.K.
Oberfinanz-Dir.
Böttgerstr.
Italien
Frankreich
Alte Rabenstr.
Estl.
Ungarn
Schweden
Alsterufer
Bade-
Spielbank
Fontenay
Österreich
Außenalster
Eduard-Rhein-Ufer
UHLENHORST
Russl.
Augustastr.
Theresienstieg
Averhoffstr.
Overbeckstr.
Petkumstr.
Immenhof
Schrötteringksweg
Papenhuder Str.
Erlenkamp
Uhlenhorster Weg
Heinrich-Hertz-Str.
Schwanenwik
Schwanenwikbrücke
Hartwicusstr.
Kuhmühlenbrücke
Mundsburger Damm
KUHMÜHLE
Fachhochsch.
Landesbetrieb "Pflegen und Wohnen"
Ukraine
135
149

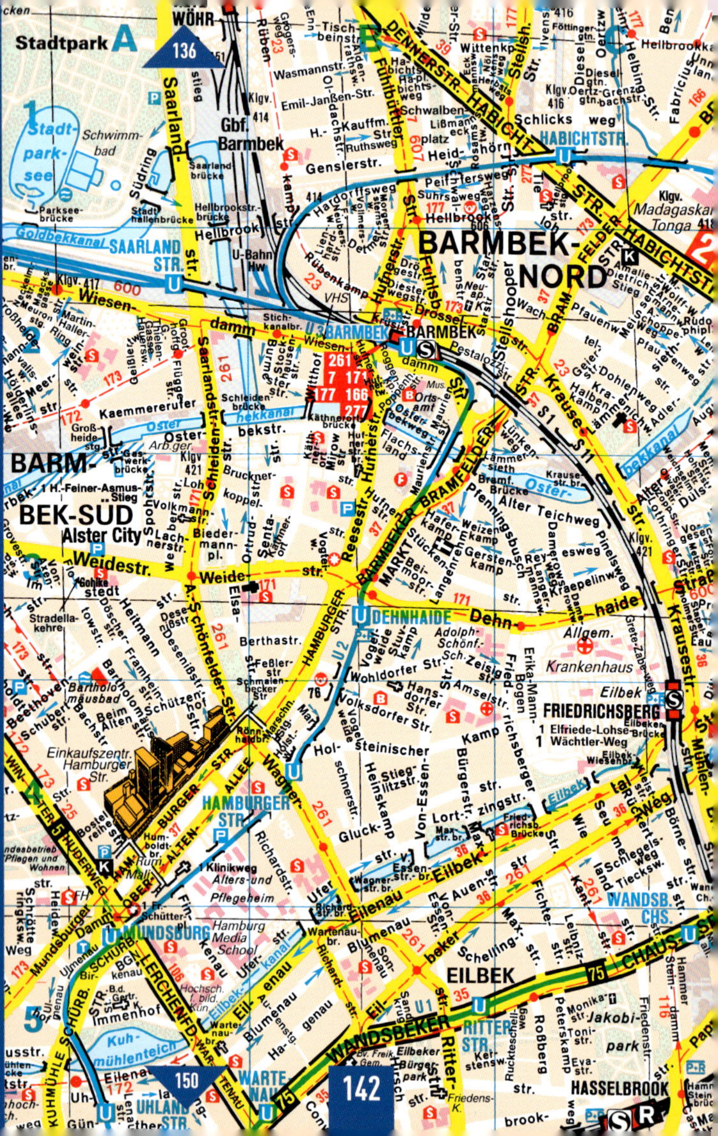
Stadtpark A
136
WÖHR
Saarland-str.
Gbf. Barmbek
Stadtparksee
Schwimmbad
Südring
Saarlandbrücke
Parkseebrücke
Stadthallenbrücke
Hellbrookstr.-brücke
Hellbrook
U-Bahn Hw
Goldbekkanal
SAARLAND STR.
Wiesendamm
Stichkanalbr.
BARMBEK
Rübenkamp
VHS
Wasmannstr.
Emil-Janßen-Str.
Kauffm.
Ruthsweg
Genslerstr.
Hardorffsweg
Fuhlsbüttler Str.
DENNERSTR.
HABICHTSTR.
Schwalbenplatz
Heidhörn
Peiffersweg
Suhrsweg
Hellbrook
Schlicks weg
Wittenkp.
Steilsh. Str.
Heilbrookkamp
Fabriciusstr.
Helbingstr.
Dieselstr.
Klgv. Madagaskar Tonga
BARMBEK-NORD
Hufnerstr.
Drosselstr.
Stellshooper Str.
BRAMFELDER STR.
Wachtelstr.
Pfauenweg
Geierstr.
Dohlenweg
Kranichweg
Halbenkamp
Lämmersieth
Adlerstr.
Pestalozzistr.
Krausestr.
Krausestr. br.
Osterbekkanal
Alter Teichweg
Damerowsweg
Pinelsweg
Lünkenweg
Bramf. Brücke
Pfenningsbusch
Haferkamp
Weizenkamp
Gerstenkamp
Stückenstr.
Langenrehm
Reyesweg
Langermannsw.
Kraepelinweg
Schleidenbrücke
Osterbekkanal
Kaemmererufer
Käthnerortbrücke
Flachsland
Maurienstr.
Poppenhusenstr.
BARM-BEK-SÜD
H.-Feiner-Asmus-Stieg
Alster City
Volkmannstr.
Bruckner-str.
Koppel
Biedermannpl.
Lachnerstr.
Sentastr.
Reesestr.
Vogelweide
Weidestr.
Weide
Elsastr.
Gohlke stedt
Stradellakehre
Heitmannstr.
Deseniusstr.
A.-Schönfelder-Str.
Berthastr.
Feßlerstr.
Schmalenbecker Str.
HAMBURGER STR.
DEHNHAIDE
Dehnhaide
Vogelweide
Stuvkamp
Adolph-Schönfelder-Str.
Sch. Zeisigstr.
Friedrichsberger Str.
Erika-Mann-Bogen
Allgem. Krankenhaus
Eilbek
FRIEDRICHSBERG
Elfriede-Lohse-Weg
Wächtler-Weg
Eilbeker Brücke
Wohldorfer Str.
Hansdorfer Str.
Amselstr.
Volksdorfer Str.
Holsteinischer Kamp
Bürgerstr.
Steglitzstr.
Heinskamp
Von-Essen-Str.
Lortzingstr.
Friedrichsb. Brücke
Max-Br.
Wielandstr.
Seumestr.
Eilbektal
Rückertstr.
Börnestr.
Schlegelsweg
Tieckstr.
WANDSB. CHS.
Beethovenstr.
Bartholomäusbad
Bartholomäusstr.
Schubertstr.
Bachstr.
Beim Alten Schützenhof
Einkaufszentr. Hamburger Str.
HAMBURGER STR.
ALTER SCHÜTZENHOF
WINTERHUDERWEG
Bostelreihe
Humboldtbr.
Rüm. Mall
Klinikweg
Alters- und Pflegeheim
Richardstr.
Wagnerstr.
Gluckstr.
Wagnerstr. br.
Eilenau
Eilbek
Auenstr.
Schellingstr.
Fichtestr.
Leibnizstr.
Kantstr.
Hamburg Media School
MUNDSBURG
Mundsburger Damm
LERCHENFELD
Hochsch. f. bild. Künste
Immenhof
Kuhmühlenteich
Eilbekkanal
Wartenau
Wartenaubr.
Blumenau
Sonnenau
Hagenau
Ritterstr.
EILBEK
WANDSBEKER CHAUSSEE
Eilbeker Bürgerpark
Ruckteschellweg
Roßberg
Peterskamp
Jakobipark
Friedenstr.
Hammer Steindamm
HASSELBROOK
RITTER STR.
WARTENAU
UHLANDSTR.
KUHMÜHLE
150
142

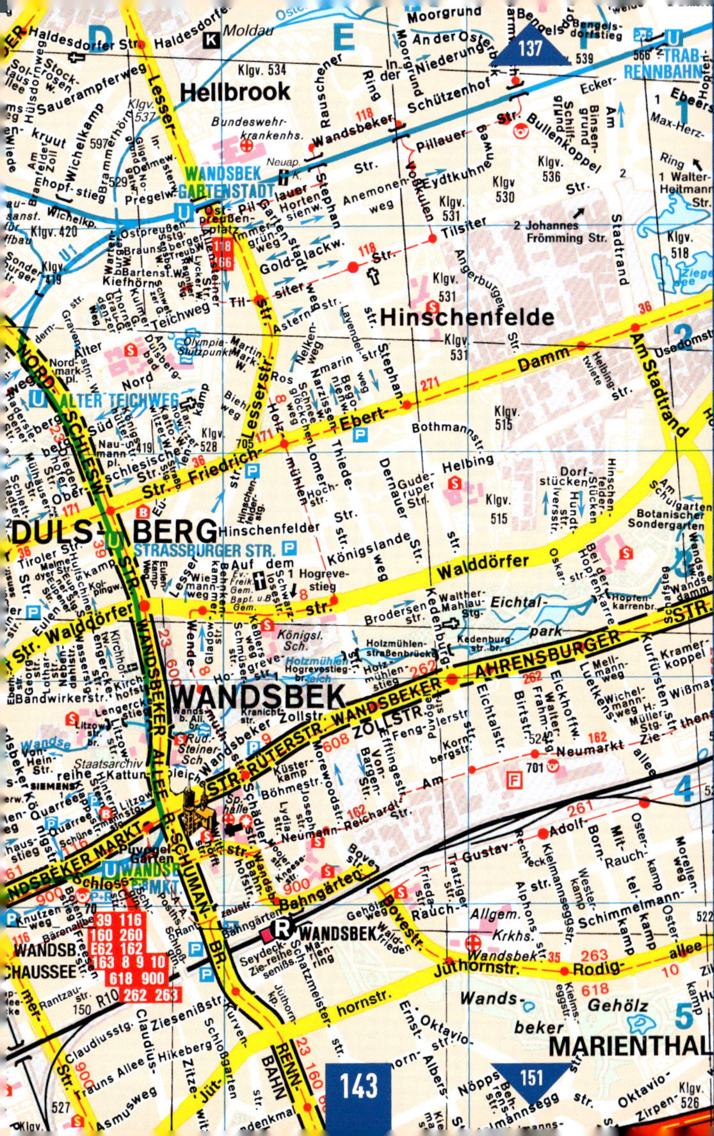
137
151
Hellbrook
Hinschenfelde
DULSBERG
WANDSBEK
MARIENTHAL
WANDSBEK GARTENSTADT
ALTER TEICHWEG
STRASSBURGER STR.
WANDSBEK MARKT
WANDSBEK
TRABRENNBAHN
Bundeswehrkrankenhs.
Allgem. Krkhs. Wandsbek
Botanischer Sondergarten
Eichtalpark
Wandsbeker Gehölz
Olympia-Stützpunkt
Staatsarchiv
Friedrich-Ebert-Damm
Walddörfer Str.
Ahrensburger Str.
Wandsbeker Chaussee
Wandsbeker Marktstr.
Wandsbeker Allee
R.-Schuman-Br.
Rennbahn
Jüthornstr.
Rodigallee
Am Stadtrand
Lesserstr.
Tilsiter Str.
Wandsbeker Zollstr.
Schloßstr.
Bahngärten
Bovestr.
Neumarkt
Holzmühlenstr.
Kedenburgstr.
Bei der Hopfenkarre
Kurfürstenstr.
Ostpreußenplatz
Nord-Schleswiger Str.
Hinschenfelder Str.
Königslandeweg
Pillauer Str.
Bullenkoppel
Ecker-
Ring
Moorgrund
An der Osterbek
Haldesdorfer Str.
Sauerampferweg
Wichelkamp
Teichweg
Tiroler Str.
Bandwirkerstr.
Oktaviostr.
Ernst-Albers-Str.
Schimmelmannstr.
Claudiusstr.
Trauns Allee
Hikeberg
Zieseníßstr.
Asmusweg

Waldpark
Marienhöhe
Sommerbad Marienhöhe
Friedhof
ISERBROOK
BLANKENESE
Falkenstein
Krkhs. Tabea
Schinkels Park
Römischer Garten
Goßlers Park
Hallenbad Blankenese
Hessepark
Baurs Park
Elbe
10010 n. Cuxhaven u. Helgoland
Jollenhafen Blankenese
Jollenhafen Mühlenberg
Mühlenberg
Hirschpark
Rissener Landstr.
Blankeneser Landstr.
Elbchaussee
Strandweg
Kösterbergstr.
Sülldorfer Kirchenweg
Blankeneser Hauptstr.
Kiekeberg
Dockenhudener Str.
1 Mommsenstr.
2 Bulckestr.
Hessepark
Freibad
Süllberg
Süllbergsterrasse
Strandweg
BLANKENESE

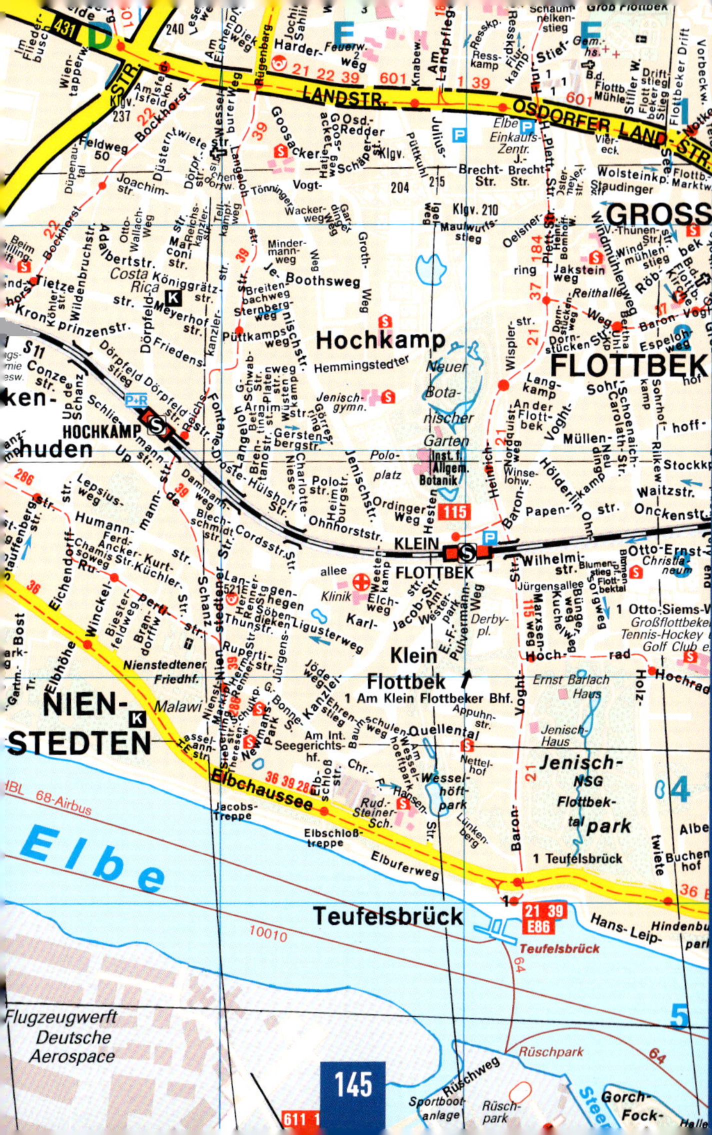

Hochkamp
HOCHKAMP
Neuer Botanischer Garten
Inst. f. Allgem. Botanik
FLOTTBEK
GROSS
KLEIN FLOTTBEK
Klein Flottbek
1 Am Klein Flottbeker Bhf.
NIEN-STEDTEN
Elbchaussee
Elbe
Teufelsbrück
Jenisch-Haus
Ernst Barlach Haus
Jenisch NSG Flottbektal park
Osdorfer Landstr.
Landstr.
Elbe Einkaufs-Zentr.
Polo-platz
Derby-pl.
Jenisch-gymn.
Nienstedtener Friedhf.
Malawi
Costa Rica
Flugzeugwerft Deutsche Aerospace
Rüschpark
Rüschweg
Sportboot-anlage
Hindenburgpark
Otto-Ernst-Str.
Christianeum
Großflottbeker Tennis-Hockey Golf Club
Elbuferweg
Elbschloßtreppe
Jacobs-Treppe
Wesselhöftpark
Quellental
Baron-Voght-Str.
Reichsk.
Bockhorst
Schenefelder
Flottbek Mühle

138
A
B
C
OSDORF
OSDORFER
WEG
7
Bahrenfelder Chaussee
Friedhof
Holstenkamp
VON-SAUER-STR.
BAHRENF.
28
HH-BAHRENFELD
E45
Theodor-
stieg
Wichmannstr.
Flottbeker Str.
Kalckreuthw.
Baron-Voght-Str.
Studenten-
Ebert-
allee
Dürerstr.
Cranach
Böcklin
Mendelss.
Pfitzner-
Nikisch-
Händelstr.
Bahrenf.-Kirchen-
Sibeliusstr.
Woyrsch-
1
2
3
4
5
Stockkp.
OTHMARSCHEN
Waitzstr.
Onckenstr.
Bellmann-
str.
Beseler
platz
Rosenhagenstr.
S1 S11
BAHRENFELD
Friedens-
29
HH-OTHMARSCHEN
Reventlow
Waldersee-
str.
Behring
Allgemeines
Krankenhaus
Altona
Otto-Ernst-
Christianeum
Otto-Siems-W.
Großflottbeker
Tennis-Hockey und
Golf Club e.V.
Golfstr.
Hochrad
OTHMARSCHEN
Kl. Flottbek
Eichenall.
Jungmannstr.
Droysen
Emkendorfstr.
Othmarscher
Kirchen-
Halbmonds-
weg
Borchling-
Albertiweg
Schmidt-
kamp
Handelmann-
weg
Lobsien-
weg
Bernadotte-
Ernst-
August-Str.
Elbchaussee
Hindenburg-
park
China
Zypressen-
weg
Schröders
Elbpark
Ufer
Hans-
Ringelnatz-
treppe
Strehlowweg
tunnel
Övelgönne
Museums-
hafen
Övelgönne
Elbe
Neumühlen
Gorch-
Fock-
Park
Seemannshöft
Bubendey-Ufer
Bubendeyweg
Köhlfleet-
hafen
Athabaska-
höft
Parkhöft
Parkhafen
Freihafen-
Finkenwerder
Tank-
weg
10010
62
64

D
E
139
DIEBSTEICH
Diebsteich
Leuna-str.
Müll-abfuhr
Beerenweg
1 Amália-Rodrigues-Weg
Briefpost-zentrum
Isebekstr.
Isebekstieg
Memellandallee
ALTONA-NORD
Augustenburger Str.
Eckernförder Str.
Langenfelder Str.
DOORMANNSWEG
Sophien-allee
Waterloo-hain
Eimsbütteler Str.
STRESEMANN-STR.
431
Leverkusen-str.
Pol.-Dir. West
Bahrenfelder Steindamm
Celsius-weg
Stahltwiete
Ruhrstr.
Schützenstr.
Kühnehöfe
Kohlentwiete
Thomasstr.
Gaußstr.
Bunsenstr.
Planckstr.
Völckersstr.
Barnerstr.
Fabrik
S1 S11
R60 R70
R70
Holtenaustr.
HOLSTENSTR.
HOLSTEN-PL.
NORD
ALSENSTR.
ALSEN-PL.
HOLSTENSTR.
Holstenstr.
Max-Brauer-Allee
Haubachstr.
Th.-Haubach-Sch.
Jul.-Leber-Str.
Chemnitzstr.
Schnellstr.
Wohlers Park
Wohlers Allee
Lammstr.
Thadenstr.
Schomburgstr.
Virchowstr.
L.-Schroeder-Str.
Nobistor
REEPERBAHN
Jüd. Friedhf.
Große Bergstr.
Goethestr.
Ehrenbergstr.
Jessenstr.
Mörkenstr.
KÖNIGSTR.
OTTENSEN
Holstenring
Ottenser Hauptstr.
Friedensallee
Barner-allee
Bahrenfelder Str.
Keplerstr.
Tönsfeldstr.
Bernadottestr.
Elbchaussee
Eggersallee
Fischers Allee
Holländische Reihe
Museumstr.
Platz der Republik
ALTONA-ALTSTADT
Breite Str.
Palmaille
Altonaer Balkon
Klopstockstr.
Neues Rathaus Altona
Struenseestr.
Elbberg Campus
Große Elbstr.
Van-d.-Smissen-Str.
Fischereihafen
Fischauktionshalle
Heidritterstr.
Neumühlen
Neumühler Kai
Donnerspark
Schopenhauerweg
Westkai
Schlepper-station
Dockland
Ostkai
Edgar-Engelhard-Kai
Antigua u. Barb.
Elbtunnel
Köhlbrandhöft
Klärani.
Maakenwerder Höft
Westphal-ufer
Kohlen-schiff-hafen
Europakai
Kuhwerder Höft
Werfthafen
Lotsenhöft
Freihafengrenze
Pinnasberg
St. Pauli
Hexenberg
Altona
ALTONA
147

140

CHRISTUSK.
SCHLUMP
Schäferkampsallee
Beim Schlump
Bundesstr.
Universität
Grindelallee
Rothenbaumchaussee
Stern-schanzenpark
Wasserturm
Schanze
STERNSCHANZE
Altonaer Str.
Schulterblatt
Schröderstiftstr.
Rentzelstr.
Verbindungsbahn
Edmund-Siemers-Allee
Moorweide
Staatsbibliothek
Universität
Tiergarten-str.
Heinr.-Hertz-Turm
Planten un Blomen
Messegelände
CCH
Theodor-Heuss-Pl.
DAMMTOR
STERNSCHANZE
Neue Messe
Lagerstr.
Kampstr.
Karolinenstr.
St. Petersburger Str.
Alter Botanischer Garten
STEPHANSPL.
MESSEHALLEN
Kleine Wallanlagen
Gorch-Fock-Wall
Laeiszhalle
Sievekingpl.
Holstenglacis
Karolinenplatz
Marktstr.
Neuer Pferdemarkt
Neuer Kamp
Feldstr.
FELDSTR.
Hochbunker
Millerntor-Stadion
Heiligengeistfeld
Glacischaussee
Große Wallanlagen
Holstenwall
Budapester Str.
Thadenstr.
Wohlers Allee
Stresemannstr.
Holstenstr.
ST. PAULI
Simon-von-Utrecht-Str.
Reeperbahn
Große Freiheit
Beatles-Pl.
Hamburger Berg
Davidstr.
Hein-Hoyer-Str.
Bernhard-Nocht-Str.
Hopfenstr.
Pinnasberg
Fischmarkt
St. Pauli Hafenstr.
Fischauktionshalle
Landungsbr.
LANDUNGSBR.
Helgoländer Allee
Bismarck-denkm.
Zirkusweg
Millerntordamm
Ludwig-Erhard-Str.
Neanderstr.
Michaelis
Englische Planke
Venusberg
Johannisbollwerk
Vorsetzen
BAUMWALL
Baumwall
Kajen
Rödingsmarkt
Stadthausbrücke
STADTHAUS
Dammtorwall
Valentinskamp
Drehbahn
Caffamacherreihe
Kaiser-Wilhelm-Str.
Gänsemarkt
GÄNSEMARKT
Axel-Springer-Pl.
Springer-Haus
Fuhlentwiete
NEUSTADT
Großneumarkt
Wexstr.
Peterstr.
Steinweg
Brüderstr.
Admiralitätstr.
Herrengraben
Stubbenhuk
Schaarmarkt
Schaarsteinweg
Hohe Brücke
Elbe
Zollschiff-station
Cap San Diego
Überseebrücke
Sandtorhöft
Kaiserhöft
Elbphilharmonie in Bau
Sandtorhafen
Traditionsschiffhafen
Grasbrookhafen
Strandhöft
Kibbelstег
Arningkai
Niederhafen
Neues Metropol Musicaltheater
Fährkanal
Am Fährkanal
Norderelbstr.
Blohm Str.
Hermann-Blohm-Str.
Am Elbtunnel
Elbtunnel
St. Pauli Elbtunnel
Schanzen-höft
Wendemuthkai
Freihafengrenze
1 Beim Kraftwerk
Werfthafen
Elsenhöft
Altona
Landungsbr.
St. Pauli
3 Heidritterstr.
Doormannsweg
Eimsbüttel
Waterloostr.
Bellealliancestr.
Margaretenstr.
Amandastr.
Vereinsstr.
Fettstr.
Weidenallee
Eifflerstr.
Lippmannstr.
Paul-Roosen-Str.
Kleine Freiheit
Schmuckstr.
Seilerstr.
Talstr.
Spielbudenpl.
Kastanienallee
Friedrichstr.
Erichstr.
Hein-Köllisch-Pl.
Antonistr.
Balduinstr.
Trichter
Gerhofstr.
Dammtorstr.
Jungiusstr.
Wallanlagen
Brahms-Kontor
Joh.-Brahms-Pl.
Kurze Str.
Pilatuspool
Speckstr.
ABC-Str.
Hohe Bleichen
Große Bleichen
Poststr.
Neuer Wall
Alsterfleet
Graskeller
BÖDINGM.
Kehrwieder
Sandtorkai
Brooksbrücke
Miniatur-Wunderland

141
ROTHERBAUM
Außenalster
Eduard-Rhein-Ufer
Alte Rabenstr.
Alsterufer
Fontenay
Schwanenwik
Hart-Mundsburger-Brücke
Mundsburger Damm
Schwanenwikbrücke
Kuhmühlenbrücke
Hohenfelder Brücke
Sechslingspforte
Alsterschwimmhalle
Allgem. Krankenhs. St. Georg
1 Philipsstr.
2 Lohmühlenstr.
1 Siegfried-Wedells-Platz
An der Alster
ST. GEORG
Kennedybrücke
Lombardsbr.
Ferdinandstor
Glockengießerwall
Jungfernstieg
Hauptbhf Nord
Steintor
Adenauerallee
Beim Strohhause
Lohmühlen Str.
Lübeckertordamm
Berliner Tor
Hochschule f. angew. Wissenschaften
Rathaus
Mönckebergstr.
Steinstr.
Speersort
Hauptbhf Süd
Kurt-Schumacher-Allee
Bebel-Park
ALTSTADT
Chilehaus
Meßberg
Steinstr.
Nordkanal
Spalding
Hammerbrook
Högerdamm
Amsinckstr.
Banksbrücke
Großmarkt Obst, Gemüse u. Blumen
1 Sachsenkamp
2 Sachsenfeld
KLOSTERTOR
Oberhafen
Brooktorkai
Shanghaibrücke
Osakaallee
Überseeallee
Versmannstr.
HAFENCITY
Cruise Center
Chicagokai
R30 R40 R50
149

142

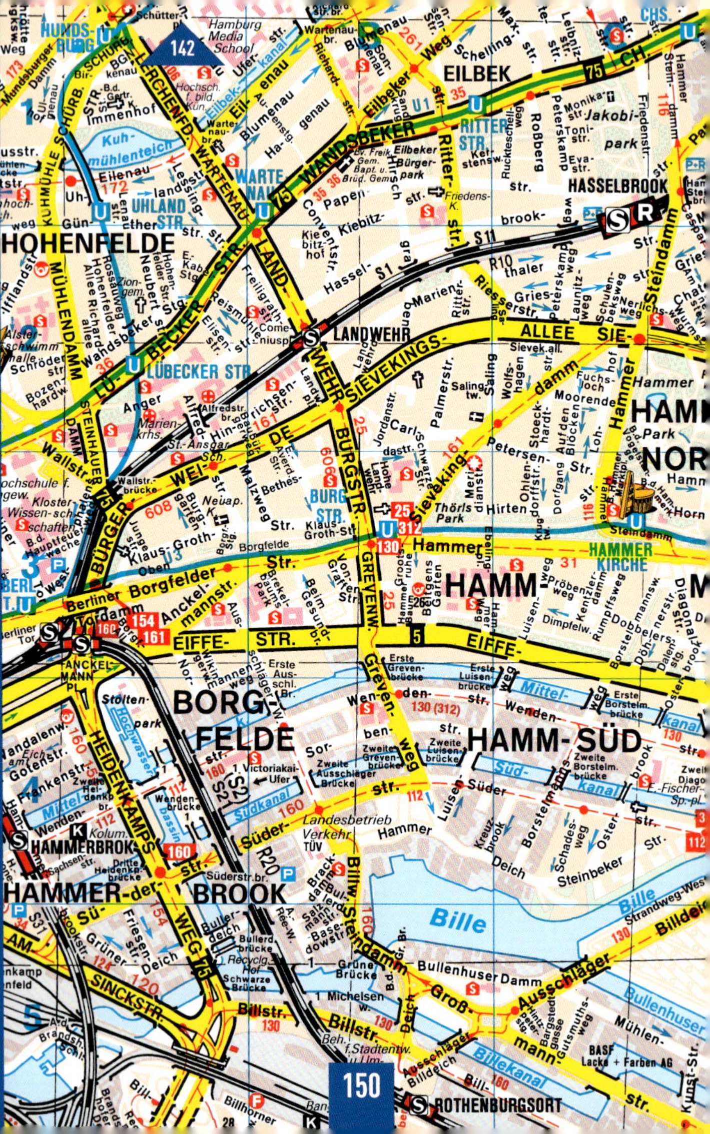
HOHENFELDE
EILBEK
HASSELBROOK
LANDWEHR
BORGFELDE
HAMM-
HAMM-SÜD
HAMMER-der-
BROOK
HAMMERBROOK
ROTHENBURGSORT
BERLINER TOR
HAMMER KIRCHE
RITTERSTR.
WARTENAU
UHLAND STR.
LÜBECKER STR.
BURGSTR.
Kuhmühlenteich
Mühlendamm
Wandsbeker Chaussee
Wartenau
Landwehr
Lübecker Str.
Bürgerweide
Sievekingsallee
Burgstr.
Grevenweg
Eiffestr.
Borgfelder Str.
Hammer Str.
Hammer Steindamm
Süderstr.
Heidenkampsweg
Sinckstr.
Billstr.
Ausschläger Weg
Bullenhuser Damm
Ritterstr.
Hasselbrookstr.
Landwehrstr.
Angerstr.
Wallstr.
Klaus-Groth-Str.
Anckelmannstr.
Hammer Landstr.
Mittelkanal
Südkanal
Bille
Billekanal
Hochwasserbassin
Stoltenpark
Jakobipark
Eilbeker Bürgerpark
Hammer Park
Thörls Park
Hamburg Media School
Landesbetrieb Verkehr TÜV
BASF Lacke + Farben AG

WANDSBEK
1 Marienring
MARIENTHAL
Wandsbeker Gehölz
Jüthornstr.
Rodigallee
Allgem. Krkhs. Wandsbek
Rauchstr.
Schimmelmannstr.
Schatzmeisterstr.
Ahornstr.
Albersstr.
Oktaviostr.
Kielmannseggstr.
Nöppsstr.
Rennbahnstr.
E 26
24
Derbyweg
Universität der Bundeswehr
Stoltenstr.
Jugendgästehaus
Jugendherberge
Tennishalle
Horner Rennbahn
Bei den Tennisplätzen
HH-HORN
Horner Kreisel
Rennbahnstr.
Horner Allee
Riemsweg
Tribünenweg
Grenzknick
Rebeccaweg
Asmusweg
Trauns Allee
Claudiusstr.
Hikeberg
Am Husarendenkmal
Pflegehm.
Husarenhof
Mettlerkampsweg
Snitgerreihe
Horner Wegbrücke
Rauhes Haus
Hammer Berg
Horner Landstr.
Beim Rauhen Hause
Horner Park
Hermannstal
Manshardtstr.
Sommerbad Horner Moor
Horner Rennbahn
Washingtonallee
HORN
Legienstr.
Steinfeldtstr.
Bergedorfer Str.
Horner Rampe
HH-HORNER RAMPE
Steubenstr.
Telekom
Tierheim
Schurzallee Nord
Schurzallee Mitte
Billstedter Hauptstr.
Kolumbusstr.
Blaue Brücke
Billufer
Bille
Billbrookdeich
Moorfleeter Brücke
Gelbe Brücke
143
151

A
B
C
ELMSHORN
Strohdeich
Altenmoor
Groß Moorhusen
Kollmar
Klein Kollmar
Neuendorf bei Elmshorn
Bielenberg
Raa-Besenbek
Kölln-Reisiek
Bevern
Hemdingen
Ellerau
Seeth-Ekholt
Quickborn
Kollmar
Fleien
Holstendorf
Klein Nordende
Ellerhoop
Thiensen
Quickborn
Renzel
Holmmoor
5 km
Kronsnest
Seester
Heidgraben
Ahrenlohe
Tornesch
Grüne Küstenstr.
Seestermühe
Groß Nordende
Borstel
Schlickburg
Uetersen
Tornesch
Kummerfeld
NORDERSTEDT
Pagensand
Elbe
Barnkrug
Neuendeich
Moorrege
Esingen
Prisdorf
Hohenraden
Tangstedt
Hasloh
Abbenfleth
Unterglinde
Pinneberg-Nord
Winzeldorf
Garstedt
Bönningstedt
Feldbahn
Haselau
Oberglinde
Appen
Pinneberg-Mitte
Ellerbek
Bützfleth
Hohenhorst
Heist
PINNEBERG
Rellingen
NIENDORF
Haseldorfer Marsch
Altenfeldsdeich
Etz
Pinneberg-Süd
Halstenbek/Rellingen
SCHNELSEN
HH-Schnelsen-N.
HH-Schnelsen
Flughafen HH
Stadersand
Haseldorf
Halstenbek
Brande
Waldenau-Datum
Halst.-Krupunder
EIDELSTEDT
Fuhlsbüttel
Brunshausen
Holm
Melau-
HH-Eidelstedt
Dreieck HH-Nordwest
Schenefeld
St. Wilhadi
Twielenfleth
Hetlingen
Hagenbecks Tierpark
STADE
Hollern-Bachenbrock
HH-Stellingen
STELLINGEN
Stade-Ost
Mojenhorn
RISSEN
SULLDORF
LURUP
Stade-Süd
WEDEL
Lühe
BAHRENFELD
HH-Volkspark
Grünendeich
BLANKENESE
EIMSBÜTTEL
HH-Bahrenfeld
Steinkirchen
Schiffsbegrüßungsanlage
Agathenburg
Wisch
HH-Othmarschen
ALTONA
ST. PAULI
Grüne Küstenstr.
Mittelnkirchen
Hinterbrack
Museumshfn. Oevelgönne
Dollern
Lütjenkamp
Guderhandviertel
Borstel
Störtebekerstr.
CRANZ
Miniatur Wunderland
Dollern
Obstmarschenweg
Helmste
Neuenkirchen
Jork
Königreich
Hove
FINKENWERDER
HH-Waltershof
Ladekop
2012
Süderelbe
Horneburg
Horneburg
Estebrügge
NEUENFELDE
WILHELMSBURG
Jork
Moorende
FRANCOP
Issendorf
Nottensdorf
Dammhausen
Rübke
Grüne Küstenstraße
MOORBURG
Neukloster
HH-Moorburg
Bliedersdorf
Hedendorf
BUXTEHUDE
NEUGRABEN-FISCHBEK
Grundoldendorf
Ohrensen
Neu Wulmstorf
HH-Heimfeld
HARBURG
Eilendorf
Naturpark
Ruschwedel
Harsefeld
Ottensen
Ovelgönne
Wildpark
Harburger Berge
Schwarze Berge
Dreieck HH-Südwest
Wulmstorf
Immenbeck
Daerstorf
Hollenbeck
Delm
Freilichtmuseum
HH-Marmstorf
Pippensen
Griemshorst
Apensen
Ardestorf
Vahrendorf
Daensen
Elstorf
Schwiederstorf
HH-Marmstorf
Kammerbusch
Sottorf
Lürade
Beckdorf
Nindorf
Beckedorf
Rosengarten
Niedersächs.
Ahlerstedt
Revenahe
Rahmstorf
Moisburg
Grauen
Bachheide
Leversen
Fleestedt
Tötensen
Tötensen
Ahrensmoor
Goldbeck
Eversen
Ohlenbüttel
Langenrehm
Torfbahn
Iddensen
Emmelndorf
Wiegersen
Mühlenstr.
Appel
Emsen
Sauensiek
Regesbostel
Staersbeck
Nenndorf
Oldendorf
Mienenbüttel
Rade
Hittfeld
Ahrenswohlde
Buchholzer Dreieck
Holtorfsbostel
Hollenstedt
Rade
Dibbersen
Hittfeld
Eckel
Gr. Klecken
Hollenstedt
Aarbachkate
Wennerstorf
Dibbersen
Helmstorf
Holvede
Vaensen
Hohenhausen
Wohnste
Hollenstedt
Wenzendorf
Steinbeck
Buensen
Harmstorf
Halvesbostel
Bendestorf
Klein Ippensen
Heidenau
Dierstorf
Meilsen
Vierden
Ochtmannsbruch
Este
Drestedt
BUCHHOLZ in der Nordheide
Freetz
Heidenau
Reindorf
Itzenbüttel
Bötersheim
Trelde
Ostetal
Lengenbostel
Brunsberg
Seppensen
Jesteburg
Sittensen
Kalbe
Wüstenhöfen
Sprötze
Siedlung
Tostedt
Holm-Seppensen
Lüllau
Asendorf
Tiste
Vaerloh
Thelstorf

HAMBURG
AHRENSBURG
Bargteheide
Großhansdorf
Ammersbek
Hoisdorf
Siek
Lütjensee
Trittau
Barsbüttel
Glinde
Oststeinbek
REINBEK
Wentorf b. Hamb.
Schwarzenbek
Dassendorf
GEESTHACHT
Lauenburg (Elbe)
WINSEN (Luhe)
SEEVETAL
Stelle
Bardowick
Adendorf
Scharnebeck
BERGEDORF
Vierlande
Sachsenwald
Aumühle
Friedrichsruh
Bismarck Mus.
Wohltorf
Börnsen
Escheburg
Hamwarde
Worth
Kollow
Wiershop
Krümmel
Pumpspeicherwerk
Marschacht
Tespe
Drage
Elbstorf
Schwinde
Rönne
Krümse
Eichholz
Avendorf
Artlenburg
Ertheneburg
Marienthal
Hohnstorf
Lüdershausen
Barum
Sankt Dionys
Brietlingen
Moorburg
Echem
Lüdersburg
Rullstorf
Radbruch
Handorf
Wittorf
Rottorf
Sangenstedt
Fahrenholz
Borstel
Roydorf
Luhdorf
Horburg
Oldershsn.
Hunden
Tönnhausen
Laßrönne
Stöckte
Hoopte
Achterdeich
Gehrden
Ashausen
Ohlendorf
Scharmbeck
Holtorfsloh
Pattensen
Thieshope
Wulfsen
Bahlburg
Garstedt
Tangendorf
Brackel
Quarren-
Deutsche Ferienroute Alpen-Ostsee
Alte Salzstraße
Neetze
Neetze-Kanal
Ilmenau-Kanal
Elbe
Bille
Käsestraße
Schiffshebewerk
Spargelstr.
Niedersächs. Mühlenstr.
Straßenbahn-mus.
Museumsdorf
Eisenb.-mus.
Hünengräber
Buddikate
badlantic
Altengamme
Neuengamme
Kirchwerder
Curslack
Reitbrook
Ochsenwerder
Allermöhe
Moorfleet
Billwerder
Havighorst
Schönningstedt
Neuschönningstedt
Ohe
Stemwarde
Willinghusen
Stellau
Stapelfeld
Braak
Großensee
Papendorf
Langelohe
Brunsbek
Kronshorst
Rausdorf
Witzhave
Grande
Rotenbek
Kuddewörde
Kasseburg
Möhnsen
Talkau
Elmenhorst
Lanken
Havekost
Grove
Sahms
Grabau
Groß Pampau
Louisenhof
Müssen
Bartelsdorf
Schulendorf
Wangelau
Gülzow
Lütau
Juliusburg
Krukow
Krüzen
Tesperhude
Schnakenbek
Buchhorst
Brunstorf
Fahrendorf
Kröppelshagen-
Hohenhorn
Stein-B.
Basthorst
Fuhlenhagen
Schretstaken
Dahmker
Mühlenrade
Hamfelde (Hzgt. Lauenburg)
Hamfelde (Hzgt. Holstein)
Köthel (Holstein)
Köthel (Lauenburg)
Klein Schretstaken
Hohenfelde
Grönwohld
Feilberg
Linau
Koberg
Wentorf
Sirksfelde
Ritzerau
Dwerkaten
Schönberg
Oetjendorf
Sprenge
Franzdorf
Sandesneben
Steinburg
Todendorf
Mollhagen
Eichede
Schiphorst
Labenz
Lüchow
Steinhorst
Klinkrade
Düchelsdorf
Stubben
Schmachthagen
Groß Boden
Siebenbäumen
Sühlen
Ahrensfelde
Wulmenau
Schürensöhlen
Rethwisch
Krummbek
Barkhorst
Lasbek
Lasbek Dorf
Rohlfshagen
Fischbek
Mönkenbrook
Tremsbüttel
Vorburg
Hammoor
Elmenhorst
Bargfeld-Stegen
Jersbek
Langereihe
Pfingsthorst
Kayhude
Wilstedt Siedlung
Tangstedt
Wiemerskamp
Wulksfelde
Klein Hansdorf
Timmerhorn
Delingsdorf
Bünningstedt
Hoisbüttel
Lottbek
Bergstedt
Volksdorf
Wohldorf-Ohlstedt
DUVENSTEDT
LEMSAHL-MELLINGSTEDT
POPPENBÜTTEL
SASEL
Schmalenbeck
Ahrensfelde
Meilsdorf
Rahlstedt
FARMSEN
BARMBEK
WANDSBEK
BILLSTEDT
BILLBROOK
Fünfhausen
Bullenhausen
Over
Friesenwerdermoor
Hörsten
Rosenweide
Fliegenberg
Drennhausen
West-Krauel
Maschen
Neu Garstedt
Lüneburg

Das Register enthält eine Auswahl der im Cityatlas dargestellten Straßen und Plätze

A

B

H

I

J

K

L

M

N

T

U

V

W

Z

ABC

Im Register finden Sie alle in diesem Reiseführer beschriebenen Sehenswürdigkeiten, Museen, Unterkünfte, Gaststätten, Einrichtungen und Ausflugsziele sowie die Namen wichtiger Personen. Halbfette Seitenzahlen verweisen auf den Haupteintrag.

SCHREIBEN SIE UNS!

> Liebe Leserin, lieber Leser,

wir setzen alles daran, Ihnen möglichst aktuelle Informationen mit auf die Reise zu geben. Dennoch schleichen sich manchmal Fehler ein – trotz gründlicher Recherche unserer Autoren/innen. Sie haben sicherlich Verständnis, dass der Verlag dafür keine Haftung übernehmen kann.

Wir freuen uns aber, wenn Sie uns schreiben.

Senden Sie Ihre Post an die
MARCO POLO Redaktion,
MAIRDUMONT, Postfach 31 51,
73751 Ostfildern,
info@marcopolo.de

IMPRESSUM

Titelbild (von li. nach re.): Getty/B. Sporrer, Getty/J. Stumpe, Denis Pernath, Getty/Creative Studio Heinemann
Katrin Heß (1 unten); Marketing Hamburg GmbH (8, 19); Zeise Kino (21); Marketing Hamburg GmbH (24, 32); Katrin Heß (39); Felix Müller / Kilimanschanzo e.V. (43), HSV e. V. (47); Sven Krieger (51, 57, 62, 67); Katrin Heß (73, 76); Secondella (Fr. Griebel) (81); Stage Club Holding (84); Marketing Hamburg GmbH (90); Serious Fun (96); Katrin Heß (102, 104, 109); The George Hotel (113); Katrin Heß (116, 122)

1. Auflage 2010

Konzept / Chefredaktion: Michaela Lienemann
Autoren: Christian Calmano, Dorothea Heintze, Manu Schmickler, Martina Sörensen, Julia Sorge, Katrin Wienefeld, Christiane Würtenberger; Fotos: Katrin Heß, Sven Krieger
Gesamtredaktionelle Betreuung: Joachim Negwer, Thomas Zwicker, Christian Calmano
Projektbetreuung: Silwen Randebrock
Kartografie Cityatlas: © MAIRDUMONT, Ostfildern
Innengestaltung / Icons: Katharina Kracker; Titel: fpm factor product münchen

Printed in Germany. Gedruckt auf 100% chlorfrei gebleichtem Papier

48 h

> Ein Wochenende Spaß haben und dabei jede Menge sparen: Wir haben zwei tolle Tage mit Angeboten aus diesem Band für Sie geplant – und normal teure Alternativen gegenübergestellt

SA Mit einem 9-Uhr-Tagesticket für Bus, Bahn und Fähre *(S. 10)* geht's in die **Speicherstadt** *(S. 15)* mit ihren alten Lagerhäusern. Dort sind Sie Schmugglern auf der Spur im **Deutschen Zollmuseum** *(S. 25)*. Knurrt der Magen? Kosten Sie die leckere Bratwurst mit Majoran in der **Oberhafenkantine** *(S. 62)*! Zu Fuß schlendern Sie dann in die HafenCity: Ihre futuristischen Gebäude sieht man vom **View Point** *(S. 15)* aus der Vogelperspektive. Weil eine Hafenrundfahrt in Hamburg nicht fehlen darf, entern Sie am Anleger Sandtorhöft mit dem Tagesticket eine **HADAG-Fähre** und schippern bis **Dockland** *(S. 38)*. Der Ausblick vom Bürohaus über den Hafen ist herrlich! Mit der Fähre geht es anschließend zum Museumshafen **Övelgönne** *(S. 15)* und von dort auf ein Alsterwasser zum Kult-Kiosk **Strandperle** *(S. 41)*. Abends nichts wie hin auf die **Reeperbahn** *(S. 15)*! Naschen Sie zwei kleine Dim Sums im **Man Wah** *(S. 61)* und tauchen dann ins Nachtleben ein. Wer fit genug ist, besucht die **Schmidt-Mitternachtsshow** *(S. 34)* und fällt danach in sein Bett im Hostel **Superbude** *(S. 108)*.

SO Heute ist zeitig aufstehen angesagt, denn es ist **Fischmarkt** *(S. 74)*; ein maritimes Frühstück gibt's dort gut und günstig. Zu Fuß geht es weiter bis zur **Michaeliskirche** *(S. 14)*, hier genießen Sie bei der Mittagsandacht die **Orgelmusik** *(S. 28)* und fahren dann mit S- und U-Bahn ins angesagte Schanzenviertel. Nach einem Falafel im **Grill of Arabia** *(S. 59)* werden Sie aktiv: Klettern am **Schanzenbunker** *(S. 42)* ist sonntags kostenfrei! Das Treiben an der **Schanzen-Piazza** *(S. 41)* lässt sich nachmittags am besten bei einem portugiesischen Milchkaffee beobachten. In der **Hatari Pfälzer Stube** *(S. 60)* essen Sie deftig zu Abend, dann lassen Sie den Tag bei einem Wasserlichtkonzert im Park **Planten un Blomen** *(S. 29)* mit Musik ausklingen.

LOW BUDGET WEEKEND

SA

LOW BUDGET		REGULÄR	
9-Uhr-Tagesticket	5,40 €	6 Einzelfahrten	11,95 €
View Point HafenCity	0,00 €	Aussicht vom Ballon Highflyer	15,00 €
Zollmuseum	2,00 €	Maritimes Museum	10,00 €
Bratwurst mit Majoran in der Oberhafenkantine	4,50 €	Currywurst mit Pommes im Restaurant	7,50 €
Fährfahrt Hafen	0,00 €	Hafenrundfahrt	12,00 €
Aussichtsterrasse Dockland	0,00 €	Aussichtsturm Michel	3,50 €
Alsterwasser Strandperle	1,50 €	Alsterwasser im Restaurant	2,80 €
Dim Sums essen im Man Wha	6,00 €	Chinesisch im Restaurant	8,90 €
Schmidts Mitternachtsshow	14,00 €	Quatsch Comedy Club	21,90 €
Bett Superbude	16,00 €	EZ im 3-Sterne-Hotel	69,00 €

SO

LOW BUDGET		REGULÄR	
Tagesticket	6,50 €	5 Einzelfahrten	7,45 €
Frühstück Fischmarkt	5,00 €	Frühstück im Café	8,10 €
Orgelmusik im Michel	0,00 €	Abendkonzert im Michel	8,00 €
Falafel im Grill of Arabia	3,20 €	Lunch im Restaurant	5,90 €
Klettern am Schanzenbunker	0,00 €	Eintritt Kletterzentrum	13,00 €
Milchkaffee an der Schanzenpiazza	1,80 €	Milchkaffee im Café an der Alster	2,80 €
Gulasch Hatari Pfälzer Stube	7,00 €	Gulasch im Restaurant	15,25 €
Wasserlichtkonzert Planten un Blomen	0,00 €	Freiluftkonzert auf der Stadtparkbühne	10,00 €
GESAMT	**72,90€**	**GESAMT**	**233,05€**

> GESPART 160,15€

48 h

> Zwei Tage Luxus genießen und trotzdem nicht zu viel bezahlen: Wir haben Tipps für ein Verwöhn-Wochenende aus Angeboten in di sem Band zusammengestellt und vergleichen mit üblichen Preisen

SA Nach dem Einchecken im **Privathotel Lindtner** *(S. 112)* fahren Sie mit dem 9-Uhr-Ticket zum Ependorfer Baum – dort können Sie hübsche Jugendstilhäuser bewundern und nach Herzenslust shoppen. Halten Sie zum Beispiel Ausschau nach Designer-Schnäppchen im Second-Hand-Laden **D'or** *(S. 80)*. Sie hätten gern ein maritimes Souvenir? Auf zu **Buddel-Bini** *(S. 75)*, hier gibt es die besten Buddelschiffe. Mit Bus und Bahn geht's anschließend ins Schanzenviertel, wo Sie sich einen 3-Gänge-Lunch in der **Bude 1** *(S. 56)* gönnen. Tauchen Sie in die Geschichte der Stadt ein: das **Hamburgmuseum** *(S. 25)* ist wirklich sehenswert – eine Führung durch die Ausstellung gibt's am Wochenende gratis dazu. Am späten Nachmittag ist Wellness angesagt: In ihrem 5-Sterne-Hotel wartet der Spa mit Sauna und Dampfbad. Abends essen Sie thailändisch im **Cha Cha** *(S. 64)* und schlürfen einen Cocktail in der **Café-Bar Wien** (S. 83), bevor Sie ganz gediegen eine **Oper** *(S. 34)* besuchen – und mit der letzten Arie im Ohr ins weiche 5-Sterne-Bett sinken.

SO 9-Uhr-Tagesticket kaufen und ab geht's zum Frühstück im **Literaturcafé Leonar** *(S. 20)*. Danach ist Zeit für einen Spaziergang: Ausgestattet mit dem **Audioguide** der Kulturbehörde *(S. 26)* erkunden Sie die Freiluftskulpturen rund um die **Alster** *(S. 14)*. Kleine Pause? An der **Alsterperle** *(S. 40)* heißt es sehen und gesehen werden, am besten mit einem Glas Prosecco. Dann geht's ab Richtung Elbe: Im feinen Restaurant **Fischereihafen** *(S. 66)* stärken Sie sich mit einem 3-Gänge-Lunch. Vom Turm der **Nikolaikirche** *(S. 39)* in der Altstadt blicken Sie später über die Dächer der Stadt. Zum Abendessen bringt Sie die Bahn dann ins Schanzenviertel: im **Bullerei-Deli** *(S. 66)* von TV-Koch Tim Mälzer tafeln Sie gut in rustikalem Ambiente.

LOW BUDGET
LUXUS WEEKEND

	LOW BUDGET		REGULÄR	
SA				
	9-Uhr-Tagesticket	5,40 €	7 Einzelfahrten	16,75 €
	Buddelschiff bei Buddel-Bini	4,50 €	Buddelschiff am Hafen	10,00 €
	3-Gänge-Lunch in der Bude 1	20,00 €	3-Gänge-Lunch Jahresz.-Grill	37,50 €
	Hamburgmuseum/Führung	7,50 €	Maritimes Museum/Führung	14,00 €
	Spa im Hotel	0,00 €	Tageskarte Meridian Spa	26,00 €
	Thailändisches Curry im Cha Cha	7,00 €	Thailändisches Curry Sala Thai	15,60 €
	Happy Hour-Cocktail Café Wien	6,50 €	Cocktail in Bar an der Alster	9,00 €
	Staatsoper Platzgruppe 10	6,00 €	Staatsoper Parkett	43,00 €
	Superior-EZ im 5-Sterne-Hotel Lindtner Frühbucher	89,00 €	Superior-EZ im 5-Sterne-Hotel Lindtner, regulär	139,00 €
SO				
	9-Uhr-Tagesticket	5,40 €	6 Einzelfahrten	12,95 €
	Frühstück Café Leonar	8,70 €	Frühstück Hotel Lindtner	18,00 €
	Open-Air-Kunst mit Audioguide	3,00 €	Skulpturen-Ausstellung Ernst-Barlach-Haus	6,00 €
	Glas Prosecco Alsterperle	3,50 €	Glas Weißwein im Ristorante	4,50 €
	3-Gänge-Lunch inklusive Getränk Fischereihafen	20,00 €	3-Gänge-Lunch inklusive Getränk im Jacobs	80 €
	Nikolaikirchturm und Ausstellung	3,70 €	Aussichtsturm Michel und Eintritt Ausstellung	7,50 €
	Abendessen im Bullerei-Deli	10,00 €	Abendessen Bullerei-Restaurant	40,00 €
	GESAMT	**200,20 €**	**GESAMT**	**479,80 €**

> GESPART 279,60 €

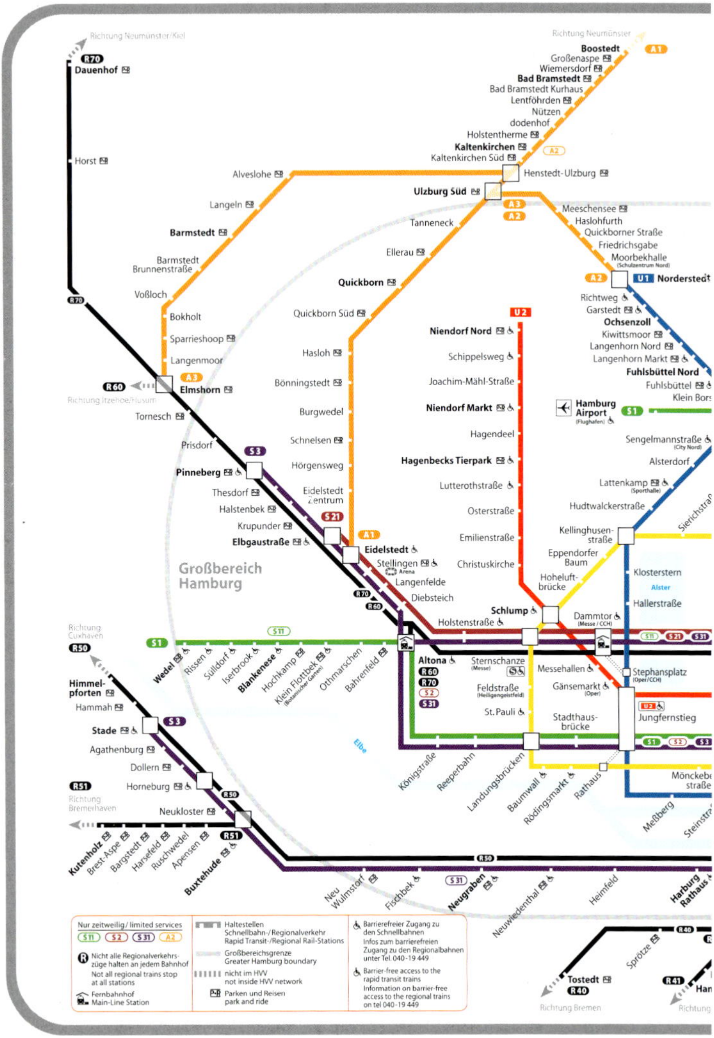

Richtung Neumünster/Kiel
R70
Dauenhof
Horst
Richtung Neumünster
A1
Boostedt
Großenaspe
Wiemersdorf
Bad Bramstedt
Bad Bramstedt Kurhaus
Lentföhrden
Nützen
dodenhof
Holstentherme
Kaltenkirchen
Kaltenkirchen Süd
A2
Henstedt-Ulzburg
Alveslohe
Langeln
Barmstedt
Barmstedt Brunnenstraße
Voßloch
Bokholt
Sparrieshoop
Langenmoor
A3
Elmshorn
R60
Richtung Itzehoe/Husum
Tornesch
Prisdorf
S3
Pinneberg
Thesdorf
Halstenbek
Krupunder
Elbgaustraße
Ulzburg Süd
Tanneneck
Elleral
Quickborn
Quickborn Süd
Hasloh
Bönningstedt
Burgwedel
Schnelsen
Hörgensweg
Eidelstedt Zentrum
S21
A1
Eidelstedt
Stellingen
Arena
Langenfelde
Diebsteich
Meeschensee
Haslohfurth
Quickborner Straße
Friedrichsgabe
Moorbekhalle
(Schulzentrum Nord)
A2
U1
Norderstedt
Richtweg
Garstedt
Ochsenzoll
Kiwittsmoor
Langenhorn Nord
Langenhorn Markt
Fuhlsbüttel Nord
Fuhlsbüttel
Klein Bors
Hamburg Airport
(Flughafen)
S1
Sengelmannstraße
(City Nord)
Alsterdorf
Lattenkamp
(Sporthalle)
Hudtwalckerstraße
Sierichstraße
Kellinghusenstraße
Eppendorfer Baum
Hoheluftbrücke
Klosterstern
Alster
Hallerstraße
U2
Niendorf Nord
Schippelsweg
Joachim-Mähl-Straße
Niendorf Markt
Hagendeel
Hagenbecks Tierpark
Lutterothstraße
Osterstraße
Emilienstraße
Christuskirche
Schlump
Holstenstraße
Dammtor
(Messe / CCH)
Großbereich Hamburg
Richtung Cuxhaven
R50
S1
S11
Wedel
Rissen
Sülldorf
Iserbrook
Blankenese
Hochkamp
Klein Flottbek
(Botanischer Garten)
Othmarschen
Bahrenfeld
Altona
R60
R70
S2
S31
Sternschanze
(Messe)
Feldstraße
(Heiligengeistfeld)
St. Pauli
Messehallen
Gänsemarkt
(Oper)
Stephansplatz
(Oper/CCH)
Stadthausbrücke
Jungfernstieg
U2
S11
S21
S31
S1
S2
S3
Elbe
Königstraße
Reeperbahn
Landungsbrücken
Baumwall
Rödingsmarkt
Rathaus
Mönckebergstraße
Meßberg
Steinstraße
Himmelpforten
Hammah
Stade
S3
Agathenburg
Dollern
Horneburg
R51
Richtung Bremerhaven
Neukloster
R50
R51
Kutenholz
Brest-Aspe
Bargstedt
Harsefeld
Ruschwedel
Apensen
Buxtehude
R50
Neu Wulmstorf
Fischbek
S31
Neugraben
Neuwiedenthal
Heimfeld
Harburg Rathaus
R40
Sprötze
Tostedt
R40
Richtung Bremen
R41
Richtung
Nur zeitweilig / limited services
S11
S2
S31
A2
Nicht alle Regionalverkehrszüge halten an jedem Bahnhof
Not all regional trains stop at all stations
Fernbahnhof
Main-Line Station
Haltestellen Schnellbahn-/Regionalverkehr
Rapid Transit-/Regional Rail-Stations
Großbereichsgrenze
Greater Hamburg boundary
nicht im HVV
not inside HVV network
Parken und Reisen
park and ride
Barrierefreier Zugang zu den Schnellbahnen
Infos zum barrierefreien Zugang zu den Regionalbahnen unter Tel. 040-19 449
Barrier-free access to the rapid transit trains
Information on barrier-free access to the regional trains on tel 040-19 449